반야심경의 비밀

반야심경의 비밀

발행일	2022년 10월 18일

지은이	관음		
펴낸이	손형국		
펴낸곳	(주)북랩		
편집인	선일영	편집	정두철, 배진용, 김현아, 장하영. 류휘석
디자인	이현수, 김민하, 김영주, 안유경, 최성경	제작	박기성, 황동현, 구성우, 권태련
마케팅	김회란, 박진관		
출판등록	2004. 12. 1(제2012-000051호)		
주소	서울특별시 금천구 가산디지털 1로 168, 우림라이온스밸리 B동 B113~114호, C동 B101호		
홈페이지	www.book.co.kr		
전화번호	(02)2026-5777	팩스	(02)2026-5747

ISBN	979-11-6836-511-7 03220 (종이책)	979-11-6836-512-4 05220 (전자책)

(주)북랩 성공출판의 파트너
북랩 홈페이지와 패밀리 사이트에서 다양한 출판 솔루션을 만나 보세요!
홈페이지 book.co.kr • **블로그** blog.naver.com/essaybook • **출판문의** book@book.co.kr

작가 연락처 문의 ▶ ask.book.co.kr
작가 연락처는 개인정보이므로 북랩에서 알려드릴 수 없습니다.

반야심경 우리말 번역과 해설

반야심경의 비밀

관음

 북랩

●

들어가는 말

반야심경은 많은 이에게 사랑받는 가리킴이다. 그런데 대중적
인기만큼이나 오해도 깊다. 세상에 널리 퍼져 있는 오해를 넘어
스승이 반야심경을 통해서 진정 무엇을 가리키는지 바로 이해하
도록 반야심경을 우리말로 번역하고 자세한 설명을 더 했다.

이 책의 우리말 번역과 해설은 기존의 것과 크게 다르다. 종교
나 학문적인 내용과도 거리가 멀다. 여기 번역과 해설은 오직 '있
는 그대로의 진리'인 '반야바라밀다'에만 의지해서 반야심경에 담
긴 붓다의 마음으로 써 내려간 것이다.

이 글은 반야심경의 지식을 전달하기 위함이 아니다. 반야심경
이 가리키는 진리에 당신이 직접 눈을 뜨도록 안내하는 글이다.
반야심경은 고리타분한 이론서가 아니다. 바로 써먹을 수 있는
실용적인 도구다. 쉬운 반야심경 해설을 통해서 당신이 찾고자
하는 있는 그대로의 진리에 눈을 뜨라. 순수한 열정이라면 오래
걸리지 않는다.

반야심경에 쓰인 말 자체는 어렵지 않다. 그래서 쉬운 우리말로 번역하고 풀이했다. 반야심경을 읽는 데는 아무런 기존 지식이나 이해가 필요하지 않다. 종교와도 전혀 상관없다. 기존의 종교적 지식이나 이해가 도리어 방해가 될 수 있다. 왜냐하면, 진리로 향하는 길은 덜어내는 과정이지 얻어서 쌓아가는 과정이 아니기 때문이다. 많이 쌓여 있을수록 덜어내야 할 편견과 믿음이 더 많을지도 모른다. 중요한 것은 경험이나 지식의 정도가 아니라 처음 배우는 사람의 마음처럼 얼마나 마음이 열려 있고 얼마나 순수한 열정이 타오르냐의 문제다.

처음에 이해가 잘 안 가도 괜찮다. 다들 그렇다. 여러 번 반복해서 읽다 보면 익숙해진다. 익숙해지다 보면 이해가 가기 시작한다. 그러다 문득 앎이 일어난다. "아하!"

기존의 번역과 해설에 익숙한 이들은 아마 충격적으로 들릴 수도 있을 것이다. 충격적이라면 좋다. 그 충격으로 마음에 틈이 생기고 붓다의 가리킴이 당신의 심장으로 파고들 것이다.

어떤 이들은 거부감이 들 수도 있다. 그러면 받아들이지 않아도 된다. 이 글은 믿음을 강요하지 않는다. 어떤 배움도 강요하지 않는다. 이 글은 진리가 무엇이건, '있는 그대로의 진리'를 찾고자 하는 이에게 길을 안내 할 뿐이다. 그 길을 따라 직접 가서 살펴보고 확인할 수 있도록 방향을 가리킬 뿐이다. 이런 가리킴이 반

반야심경의 비밀

야심경이다. 반야심경은 진리가 아니라 진리를 가리키는 손가락이다. 그러니 믿지 말고 직접 확인하라.

어떤 이는 의심할 것이다. 무슨 권위로 이런 글을 쓰는지 묻고 싶을 것이다. 여기에는 어떤 권위도 없다. 누구도 이 글을 확인하고 도장을 찍지 않았다. 권위는 다른 이의 추천이 아니라 당신이 직접 줄 것이다. 글에 열리는 당신의 마음이 권위를 줄 것이고 공명하는 당신의 존재가 다른 이들에게 추천할 것이다. 다른 이에게 의지하지 말라. 당신의 눈을 통해 이 글을 읽고 있는 그 존재가 모든 것을 이끌 것이다.

반야심경을 통해 반야에 눈뜨고자 하는 모든 이가 오해를 넘어 스승 석가모니가 가리키는 그 무엇을 직접 보는 계기가 되길 바란다.

차례

1장

반야심경 우리말 번역

'마하반야바라밀다심경(摩訶般若波羅蜜多心經)'이라는 긴 이름이
붙은 이 경전은 줄여서 '반야심경(般若心經)'이라 부르는데, 한자
260자의 본문을 가진 짧은 경전이다. 제목과 마지막 반복을 더
하면 306자다. 당나라 승려 현장(玄奘)이 고대 인도 지역에 가서
얻은 산스크리트어(Sanskrit, 한자: 범어, 梵語)로 쓰인 불교 경전을
한문으로 번역한 것이라고 알려져 있다.

　석가모니와 그 제자들의 가르침이 적힌 글을 불경이라 하는데,
수많은 불경의 핵심을 요약하면 반야심경이라고들 말한다. 영어
권에서는 이 핵심을 강조하며 '하트 수트라(Heart Sutra)'라고 부
른다. 붓다의 심장이다.

　이 책의 우리말 반야심경과 해설은 현장의 반야심경을 바탕으
로 그 형식은 최대한 살리면서도 문자에 얽매이지 않고 반야심경
구절구절 스승이 전달하고자 하는 본래의 뜻을 쉬운 우리말로
담아내려고 노력했다. 그래서 반야심경이 의도하는 본래의 목적
대로 당신이 반야에 직접 눈뜨도록 안내할 것이다.

산스크리트어 반야심경[1)]

प्रज्ञापारमिताहृदयसूत्र

आर्यावलोकितेश्वरो बोधिसत्त्वो गंभीरायां प्रज्ञापारमितायां चर्यां चरमाणो व्यवलोकयतिस्म ।

पंचस्कन्धाः । तांश्च स्वभावशून्यान्पश्यतिस्म ।

इह शारिपुत्र रूपं शून्यता शून्यतैव रूपं रूपान्न पृथक्शून्यता शून्यताया न पृथग्रूपं

यद्रूपं सा शून्यता या शून्यता तद्रूपं । एवमेव वेदनासंज्ञासंस्कारविज्ञानानि ।

इह शारिपुत्र सर्वधर्माः शून्यतालक्षणा अनुत्पन्ना अनिरुद्धा अमला न विमला नोना न परिपूर्णाः ।

तस्माच्छारिपुत्र शून्यतायां न रूपं न वेदना न संज्ञा न संस्कारा न विज्ञानानि ।

---

1) 데바나가리(Devanāgarī) 산스크리트어 반야심경 참조: https://zh.wikisource.org/wiki/摩訶般若波羅蜜多心經, 현장이 번역에 참조한 산스크리트어 본은 발견되지 않았기에 알려진 산스크리트어 본 가운데 하나를 가져왔다.

न चक्षुःश्रोत्रघ्राणजिह्वाकायमनांसी । न रूपशब्दगंधरसस्प्रष्टव्यधर्माः ।

न चक्षुर्धातुर्यावन्न

मनोविज्ञानधातुः । न विद्या नाविद्या न विद्याक्षयो नाविद्याक्षयो

यावन्न

जरामरणं न जरामरणक्षयो न दुःखसमुदयनिरोधमार्गा न ज्ञानं न प्राप्तिः ॥

तस्मादप्राप्तित्वाद्बोधिसत्त्वाणां प्रज्ञापारमितामाश्रित्य

विहरत्यचित्तावरणः ।

चित्तावरणनास्तित्वादत्रस्तो विपार्यासातिक्रान्तो निष्ठनिर्वाणः ॥

त्र्यध्वव्यवस्थिताः सर्वबुद्धाः

प्रज्ञापारमितामाश्रित्यानुत्तरां सम्यक्सम्बोधिमभिसिंबुद्धाः ॥

तस्माज्ज्ञातव्यं प्रज्ञापारमिता महामन्त्रो महाविद्यामन्त्रो

ऽनुत्तरमन्त्रो

समसममन्त्रः सर्वदुःखप्रशमनः । सत्यममिथ्यत्वात् ।

प्रज्ञपारमितायामुक्तो मन्त्रः । तद्यथा

गते गते पारगते पारसंगते बोधिस्वाहा ॥

한문 반야심경[2]

摩訶般若波羅蜜多心經
마하반야바라밀다심경

觀自在菩薩 行深般若波羅蜜多時 照見五蘊皆空 度一切苦厄
관자재보살 행심반야바라밀다시 조견오온개공 도일체고액

舍利子 色不異空 空不異色 色卽是空 空卽是色 受想行識 亦復如是
사리자 색불이공 공불이색 색즉시공 공즉시색 수상행식 역부여시

舍利子 是諸法空相 不生不滅 不垢不淨 不增不減
사리자 시제법공상 불생불멸 불구부정 부증불감

是故 空中無色 無受想行識
시고 공중무색 무수상행식

無眼耳鼻舌身意 無色聲香味觸法 無眼界 乃至 無意識界
무안이비설신의 무색성향미촉법 무안계 내지 무의식계

---

2) 한문 반야심경 참조: http://kr.buddhism.org/반야심경, 띄어쓰기와 줄 바꿈은 이 책에서 해설의 편의상 조정했다.

반야심경의 비밀

無無明 亦無無明盡 乃至 無老死 亦無老死盡
무무명 역무무명진 내지 무노사 역무노사진

無苦集滅道 無智 亦無得
무고집멸도 무지 역무득

以無所得故 菩提薩埵 依般若波羅蜜多
이무소득고 보리살타 의반야바라밀 다

故心無罣礙 無罣礙故 無有恐怖 遠離顚倒夢想 究竟涅槃
고심무가애 무가애고 무유공포 원리전도몽상 구경 열반

三世諸佛 依般若波羅蜜多 故得阿耨多羅三藐三菩提
삼세제불 의반야바라밀 다 고득 아뇩 다라 삼먁 삼보리

故知般若波羅蜜多 是大神呪 是大明呪 是無上呪 是無等等呪
고지반야바라밀 다 시대신주 시대명주 시무상주 시무등등주

能除一切苦 眞實不虛
능제 일체 고 진실불허

故說般若波羅蜜多呪 卽說呪曰
고설 반야바라밀 다주 즉설주왈

揭諦揭諦 波羅揭諦 波羅僧揭諦 菩提 娑婆訶
아제 아제 바라 아제 바라승아제 모지 사바하

揭諦揭諦 波羅揭諦 波羅僧揭諦 菩提 娑婆訶
아제 아제 바라 아제 바라승아제 모지 사바하

揭諦揭諦 波羅揭諦 波羅僧揭諦 菩提 娑婆訶
아제 아제 바라 아제 바라승아제 모지 사바하

우리말 번역

摩訶般若波羅蜜多心經
마 하 반 야 바 라 밀 다 심 경

있는 그대로의 진리를 가리키는 핵심이 되는 말씀

觀自在菩薩 行深般若波羅蜜多時 照見五蘊皆空 度一切苦厄
관 자 재 보 살 행 심 반 야 바 라 밀 다 시 조 견 오 온 개 공 도 일 체 고 액

관자재보살은 세상의 실체를 가리키는 깊은 진리의 표현이기에,
세상 모든 것이 공함을 바로 보면 모든 어려움을 넘어 그 실체에
닿느니라.

舍利子 色不異空 空不異色 色卽是空 空卽是色 受想行識 亦復如是
사 리 자 색 불 이 공 공 불 이 색 색 즉 시 공 공 즉 시 색 수 상 행 식 역 부 여 시

사리자여, 물질이 공과 다르지 않고 공이 물질과 다르지 않기에
물질이 곧 공이고 공이 곧 물질이니, 감각과 인식과 생각과 의식
도 그러하니라.

舍利子 是諸法空相 不生不滅 不垢不淨 不增不減
사 리 자 시 제 법 공 상 불 생 불 멸 불 구 부 정 부 증 불 감

사리자여, 세상에 나타나는 모든 현상이 공하기에 생겨나는 것도 없고 사라지는 것도 없으며, 더러운 것도 없고 깨끗한 것도 없으며, 늘어나는 것도 없고 줄어드는 것도 없느니라.

是故 空中無色 無受想行識
시고 공중무색 무수상행식

이렇게 공하기에 물질도 실체가 따로 없고 감각과 인식과 생각과 의식도 실체가 따로 없느니라.

無眼耳鼻舌身意 無色聲香味觸法 無眼界 乃至 無意識界
무안이비설신의 무색성향미촉법 무안계 내지 무의식계

눈과 귀와 코와 혀와 몸과 의식도 실체가 따로 없으며 색깔과 소리와 향기와 맛과 감촉과 그 현상도 실체가 따로 없기에 본다는 것과 본 것을 의식한다는 것 사이에는 어떤 구분도 없느니라.

無無明 亦無無明盡 乃至 無老死 亦無老死盡
무무명 역무무명진 내지 무노사 역무노사진

이런 사실을 모른다고 해서 달라지는 것도 없고 안다고 해서 달라지는 것도 없으며, 심지어 늙고 죽는 것이 없기에 늙고 죽는 것에서 벗어나는 일도 없느니라.

無苦集滅道 無智 亦無得
무고집멸도 무지 역무득

괴로움은 실체가 없기에 괴로움의 원인도 괴로움의 사라짐도 괴로움을 사라지게 하는 방법도 없고, 지혜가 따로 없기에 얻을 수 있는 지혜 또한 없느니라.

以無所得故 菩提薩埵 依般若波羅蜜多
이 무 소 득 고 보 리 살 타 의 반 야 바 라 밀 다

이렇게 얻을 것이 아무것도 없으므로 찾는 이는 오직 있는 그대로의 진리가 드러나기만을 바라야 하느니라.

故心無罣礙 無罣礙故 無有恐怖 遠離顚倒夢想 究竟涅槃
고 심 무 가 애 무 가 애 고 무 유 공 포 원 리 전 도 몽 상 구 경 열 반

그러면 마음에 걸리는 것이 없고, 걸릴 것이 없으면 두려울 것이 없어서, 모든 거짓 믿음을 넘어 어떤 의문도 남지 않는 있는 그대로의 진리가 드러나느니라.

三世諸佛 依般若波羅蜜多 故得阿耨多羅三藐三菩提
삼 세 제 불 의 반 야 바 라 밀 다 고 득 아 뇩 다 라 삼 먁 삼 보 리

예전에도 지금도 그리고 앞으로도 모든 부처는 오직 있는 그대로의 진리에 눈을 뜨면서 궁극적 깨달음이 일어나고 찾음을 온전히 끝내느니라.

故知般若波羅蜜多 是大神呪 是大明呪 是無上呪 是無等等呪
고 지 반 야 바 라 밀 다 시 대 신 주 시 대 명 주 시 무 상 주 시 무 등 등 주

能除一切苦 眞實不虛
능 제 일 체 고 진 실 불 허

그러니 명심하기를, 있는 그대로의 진리를 바로 보는 것만이 가장
신비하고 확실한 길이며 무엇과도 견줄 수 없는 최고의 방법이기에
능히 모든 어려움을 뛰어넘어 진실에 닿기에 헛되지가 않으니라.

故說般若波羅蜜多呪 卽說呪曰
고 설 반 야 바 라 밀 다 주 즉 설 주 왈

그래서 일러주리니 다음과 같이 말하며 있는 그대로의 진리에
눈을 뜨거라.

揭諦揭諦 波羅揭諦 波羅僧揭諦 菩提 娑婆訶
아 제 아 제 바 라 아 제 바 라 승 아 제 모 지 사 바 하

있다. 있다. 모두 있다. 바로 지금 여기 모두 있음에 눈뜨게 하소서.

揭諦揭諦 波羅揭諦 波羅僧揭諦 菩提 娑婆訶
아 제 아 제 바 라 아 제 바 라 승 아 제 모 지 사 바 하

있다. 있다. 모두 있다. 바로 지금 여기 모두 있음에 눈뜨게 하소서.

揭諦揭諦 波羅揭諦 波羅僧揭諦 菩提 娑婆訶
아 제 아 제 바 라 아 제 바 라 승 아 제 모 지 사 바 하

있다. 있다. 모두 있다. 바로 지금 여기 모두 있음에 눈뜨게 하소서.

우리말 반야심경

있는 그대로의 진리를 가리키는 핵심이 되는 말씀

관자재보살은 세상의 실체를 가리키는 깊은 진리의 표현이기에, 세상 모든 것이 공함을 바로 보면 모든 어려움을 넘어 그 실체에 닿느니라.

사리자여, 물질이 공과 다르지 않고 공이 물질과 다르지 않기에 물질이 곧 공이고 공이 곧 물질이니, 감각과 인식과 생각과 의식도 그러하니라.

사리자여, 세상에 나타나는 모든 현상이 공하기에 생겨나는 것도 없고 사라지는 것도 없으며, 더러운 것도 없고 깨끗한 것도 없으며, 늘어나는 것도 없고 줄어드는 것도 없느니라.

이렇게 공하기에 물질도 실체가 따로 없고 감각과 인식과 생각과 의식도 실체가 따로 없느니라.

눈과 귀와 코와 혀와 몸과 의식도 실체가 따로 없으며 색깔과 소리와 향기와 맛과 감촉과 그 현상도 실체가 따로 없기에 본다는 것과 본 것을 의식한다는 것 사이에는 어떤 구분도 없느니라.

이런 사실을 모른다고 해서 달라지는 것도 없고 안다고 해서 달라지는 것도 없으며, 심지어 늙고 죽는 것이 없기에 늙고 죽는 것에서 벗어나는 일도 없느니라.

괴로움은 실체가 없기에 괴로움의 원인도 괴로움의 사라짐도 괴로움을 사라지게 하는 방법도 없고, 지혜가 따로 없기에 얻을 수 있는 지혜 또한 없느니라.

이렇게 얻을 것이 아무것도 없으므로 찾는 이는 오직 있는 그대로의 진리가 드러나기만을 바라야 하느니라.

그러면 마음에 걸리는 것이 없고, 걸릴 것이 없으면 두려울 것이 없어서, 모든 거짓 믿음을 넘어 어떤 의문도 남지 않는 있는 그대로의 진리가 드러나느니라.

예전에도 지금도 그리고 앞으로도 모든 부처는 오직 있는 그대로의 진리에 눈을 뜨면서 궁극적 깨달음이 일어나고 찾음을 온전히 끝내느니라.

그러니 명심하기를, 있는 그대로의 진리를 바로 보는 것만이 가장 신비하고 확실한 길이며 무엇과도 견줄 수 없는 최고의 방법이기에 능히 모든 어려움을 뛰어넘어 진실에 닿기에 헛되지가 않으니라.

그래서 일러주리니 다음과 같이 말하며 있는 그대로의 진리에 눈을 뜨거라.

있다. 있다. 모두 있다. 바로 지금 여기 모두 있음에 눈뜨게 하소서.
있다. 있다. 모두 있다. 바로 지금 여기 모두 있음에 눈뜨게 하소서.
있다. 있다. 모두 있다. 바로 지금 여기 모두 있음에 눈뜨게 하소서.

붓다의 심장 속으로

　우리말 반야심경이 그동안 듣고 믿어왔던 반야심경과 너무 달라 많이 놀랐을지도 모르겠다. 혹, 놀라거나 충격이 있다면 좋은 일이다. 마음이 동했다는 증거다. 모든 이해는 마음이 움직여야 한다. 머리로 이해하는 것이 아니라 가슴으로 받아들여야 진정한 앎이 일어난다.

　반야심경은 당신이 직접 살펴보고 확인하며 나아가서 반야에 눈뜨도록 돕는 스승의 안내다. 한 단계 올라가는 것이 아니라 반야에 눈을 뜨고 성불해서 더는 찾을 필요가 없도록 하는 안내다. 미래의 언젠가, 또는 다음 생이 아니라 지금 당장 반야에 눈을 뜨고 붓다가 되도록 하는 안내다. 지금, 여기가 아니면 허상이다. 반야심경은 지금 여기서 찾음을 끝내도록 안내한다.

　반야심경의 내용은 알고 보면 어려울 것이 없다. 세상에서 듣고 배운 것과 보는 시각이 달라서 낯설 뿐이다. 이 낯선 시각의 차이를 좁혀보고자 우리말 번역에 해설을 덧붙였다. 해설은 반야심경

내용에 뭔가를 더하는 것이 아니라, 어떤 오해와 믿음 때문에 반야심경이 낯선지 이 글을 읽고 있는 당신의 오해와 믿음을 가리킨다. 그 가리킴을 따라 직접 살펴서 오해를 풀고 믿음을 내려놓으면 그만이다. 그러면 반야심경이 가리키는 있는 그대로의 반야는 드러나게 마련이다.

반야에 눈뜨고 싶은 그대여, 이제 붓다의 심장 속으로 뛰어들어 보자.

2장

가리킴의 본질

반야심경은 가르침이 아니라 가리킴이다. 가르쳐서 알게 하는 지식의 전달이 아니라 찾는 이가 직접 살펴서 눈을 뜨도록 길을 안내하는 방향 표지판과 같은 가리킴이다. 모든 스승의 말씀이 다 똑같다. 이런 본질을 잊지 말아야 혼란이 없다.

摩訶般若波羅蜜多心經
마하반야바라밀다심경

있는 그대로의 진리를 가리키는 핵심이 되는 말씀

반야심경은 '있는 그대로의 진리를 가리키는 말씀'이다. 도달하지 못할 저 먼 곳이나 먼 미래가 아니라, 이 글을 읽고 있는 당신이 있는 바로 지금, 바로 여기 살아 숨 쉬는 진리인 반야를 가리킨다.

'마하'는 "위대한, 큰, 높은"이라는 뜻의 산스크리트어 "마하(Mahā, मह)[3]"의 발음을 한자로 옮긴 것이다. 경전이나 인물 앞에 존경의 마음을 표현하기 위해서 덧붙이는 말이다. 반야심경을 '마하' 없이 '반야바라밀다심경'이라고도 부른다.

'반야바라밀다심경'은 산스크리트어 "프란냐-빠라미따-흐르드야-수트라(Prajñā-pāramitā-hṛdaya-sūtra, प्रज्ञापारमिताहृदयसूत्र)를

---

3) 산스크리트어의 발음을 옮긴 국제 음성 기호(IPA, 로마자 표기)를 먼저 쓰고 데바나가리(Devanāgarī) 산스크리트어를 썼다. 먼저 나오는 한글은 산스크리트어 발음을 소리 나는 대로 옮긴 것으로 독자가 외래어에 멈춤 없이 편히 글을 읽도록 넣었다.

한자로 옮긴 말이다. "프란냐, 빠라미따"는 발음을 소리 나는 그
대로 옮겼고, "흐르드야, 수트라"는 뜻을 번역했다.

般若
반야

'반야'는 산스크리트어 "프란냐(Prajñā, प्रज्ञा)"의 발음을 한자로
옮긴 것이다. "프란냐(Prajñā)"에서 "프라(Pra, प्र)"는 "궁극의, 최상
의"라는 뜻이고 뒤에 오는 "~ㄴ냐(jñā, ज्ञा)"는 "지혜, 이해, 앎"을
뜻하는 말이다. '반야'는 석가모니를 비롯한 모든 부처에게 드러
나는 '궁극의 진리'를 뜻한다.

보통 '반야'를 "지혜"로 번역하는데 틀린 말은 아니나 여기에는
'내가 진리를 깨달아 생기는 지혜'라는 믿음이 들어가 있다. 그러
면, 진리는 하나의 대상이 되고 얻어야 할 것이 된다. 그 진리를
'내'가 얻어야 하기에 얻기 위한 노력인 수행이 필요하다. 그래서
깨달음을 보장할 수행 방법을 찾는다. 이렇게 수행을 열심히 해
서 언젠가 그 진리를 깨달아 부처가 될 수 있다는 믿음이 "지혜"

라는 말 속에 함축되어 있다. 대부분의 반야심경 해설이 이 믿음을 바탕으로 한다.

하지만 반야심경은 이 믿음을 부정하며 '무지 역무득'이라 말한다. 지혜란 따로 없기에 얻을 지혜도 없다는 말이다. 진리는 어떤 대상이 아니며 대상이 아니기에 얻을 수도 없고 얻을 수 없기에 얻는 사람도 없고 얻을 방법도 있을 리 없다.

궁극의 진리는 늘 여기 있기에 기존에 쌓인 믿음이 다 걷히면 자연히 드러난다. 이렇게 자연히 드러나는 진리가 '반야'다. 반야는 '있는 그대로의 진리'다.

진리에는 단계가 없다. '궁극의 진리'라며 '궁극의'라는 거추장스러운 말을 덧붙인 것은 당신이 가진 진리에 대한 편견을 가리키기 위해서다.

진리에는 특정한 가치가 없다. 그런데도 '마하'라며 "위대하다"라는 불필요한 수식어가 덧붙여진 것은 진리를 향한 찾는 이들의 열망이 표현된 것일 뿐이다.

진리는 하나다. 변하지 않는다. 단계도 없다. 낮은 진리나 높은 진리나 궁극의 진리 따위는 없다. 그저 진리는 진리일 뿐이다. 사실, "진리"라는 이름을 붙이는 것도 불필요하다. 있는 그대로이기 때문이다.

반야가 가리키는 진리는 당신이 들어온 진리와 다르다. 당신이 생각하는 진리는 생각이라는 범위에 갇혀 있으나 '있는 그대로의 진리'는 생각을 초월한다. 당신의 작은 머리에 집어넣을 수 있는 진리는 없다. 당신 손에 쥘 수 있는 진리는 없다. 진리는 모두를 포함한다. 당신도 세상도, 있는 모두를 포함한다.

기억하라. 모르기 때문에 찾는 것이다. 진리가 어떠할 거라는 틀을 만들지 말라. 늘 모름은 모름에 두어야 한다.

'있는 그대로의 진리'를 안다.
'내'가 아는 앎이 아니라, '나'를 포함하는 앎이다.
앎이 있다. 반야가 있다.
있는 그대로다.

波羅蜜多

바라밀다

'바라밀다'는 산스크리트어 "빠라미따(Pāramitā, पारमिता)" 발음을 한자로 옮긴 것이다. 보통 "완전함"이라는 뜻으로 해석하는데, "저 너머에 도달한 완전함"이라는 뜻을 품고 있다.

'바라밀다'를 쪼개어 보면, '바라(Pāra)'는 "저 너머에"라는 뜻이다. 그런데, '밀다(mitā)'의 해석은 두 가지로 나뉜다. "이미 도착했다."라는 과거형과 "그곳으로 가고 있는"이라는 현재 또는 미래형이다. 과거 형이냐, 현재/미래형이냐에 따라 내용은 크게 바뀐다. 반야심경에 대한 오해의 시작점이다.

대부분 '밀다'를 현재/미래형으로 받아들이고 해석한다. 그러면 '바라밀다'는 앞으로 도달해야 하는 상태가 된다. 그래서 '바라밀다'를 부처가 깨달음을 얻어서 도달하는 최상의 상태나 부처가 죽은 뒤에 가는 어떤 곳으로 해석한다. 죽어 열반한 상태로 가는 저 너머의 어떤 곳이기에 '피안(彼岸)'이라고 부르고, 사람들은 깨달음을 얻은 부처와 보살이 사는 그 세상을 괴로움 없이 안락함만이 있는 이상적인 세상인 극락(極樂)이라고 믿고 그곳에 가길 꿈꾼다.

도달해야 할 상태가 있고 가야 할 곳이 있으면 가는 노력과 방법이 필요하다. 이 때문에 사람들은 '바라밀다'를 구체적인 방법으로 해석하고 육바라밀(六波羅蜜)과 같은 특정한 방법을 생각해 냈다. 이런 해석의 연장으로 반야심경을 그곳에 도달하는 데 필요한 하나의 방법을 알려주는 글로 받아들인다. 방법의 관점에 보니 반야심경에서 제일 중요한 부분은 마지막에 알려주는 주문

이 된다. 이런 맥락으로 주문을 해석하기에 '아제 아제 바라아제'
는 "가자, 가자, 피안으로 가자"라고 번역하게 된다.

하지만 이것은 오해다. 사람들의 바람을 담은 오해다. 세상은
힘들다. 삶은 때론 고통스럽다. 이런 고통에서 벗어나고 싶은 바
람 때문에 생긴 오해다. 반야심경의 내용을 보면 분명하게 드러
난다. 반야심경은 반복해서 '공(空)하다'라고 말하고 '무(無, 없다)'라
고 말한다. 반야심경으로 당신이 얻을 것은 아무것도 없다고 명
확하게 선언하며 그런 믿음을 내려놓으라고 말한다. 반야심경은
당신이 원하는 것을 얻게 해 줄 마법 같은 주문을 알려주는 글이
아니다. 마음속에 숨겨둔 바람을 이루기 위해 쓸 수 있는 수단이
아니다.

반야심경이 가리키는 진리, 반야는 그 자체로 목적이다. 다른
무엇을 이루기 위한 수단이 아니다. 당신이 무엇을 생각하든 반
야는 당신이 추측하는 그 무엇이 아니다. 반야는 당신이 생각할
수 있는 모든 개념, 그 너머에 있다. 그리고 모든 개념을 품은 채
지금 여기 있다.

'밀다'는 과거형으로 읽어야 반야심경의 내용과 일치한다. '밀다'
는 "이미 도착해 있다."라는 말이다. "완전함에 이미 도달해 있다."
라는 말이다. "궁극의 진리는 이미 여기 있다."라는 말이다.

'바라밀다'는 지금 여기가 아닌 다른 곳을 꿈꾸며 헤매는 당신
에게 이미 도착해 있으니 헤매지 말라고 일러주는 말이다. 자꾸

다른 곳을 찾아 헤매고 싶은 당신의 믿음을 조목조목 반박하며 '공하다', '없다'라고 말하는 내용이 반야심경이다.

답은 밖에 있지 않다.

摩訶般若波羅蜜多
마하반야바라밀다

반야심경을 통해 스승이 말하고자 하는 취지를 살려 '마하반야 바라밀다'를 우리말로 옮기면 '있는 그대로의 진리'다. 있는 그대로의 진리가 드러나도록 찾아야 한다. 사람들이 말하는 진리가 아니라 있는 그대로의 진리다.

진리가 어떠하다는 믿음으로 마음에 틀이 있으면 찾음은 끝나지 않는다. 있는 그대로의 진리는 어떤 틀에도 맞지 않는다. 왜냐하면, 진리는 모두를 포함하기 때문이다.

진리는 바로 지금, 바로 여기 있다. 반야는 이미 여기 있다. 오직 할 일은 나 자신을 살피고 살펴 틀을 허무는 일이다. 마음에 모든 틀이 사라지면 있는 그대로의 진리는 자연히 드러난다.

心
심

'심(心)'은 산스크리트어 "흐르드야(hṛdaya, हृदय)"의 뜻을 한자로 옮긴 말이다. '흐르드야'는 "핵심, 정수, 심장, 신성한 앎"을 뜻하는 말이다. 주로 "핵심"으로 해석한다. 반야를 가리키는 말씀을 핵심만 추려서 요약했다는 뜻이다. 영어권에서는 이 '심(心)'자를 바탕으로 반야심경을 '하트 수트라(Heart Sutra)'라고 부른다. 붓다의 심장처럼 중요한 말씀이란 뜻이다.

불교 경전을 모아 목판에 새긴 팔만대장경은 목판이 81,258장에 글자 수는 약 5,200만 자나 된다고 한다.[4] 이에 비해 반야심경의 본문은 260자에 불과하니 얼마나 요약한 핵심인지 알 수 있다.

반야를 가리키는 데는 많은 말이 필요 없다. 때로는 옅은 미소로 충분하다. 그런데도 스승의 말이 많아지는 까닭은 듣는 사람이 다양하고 각자 가진 믿음들이 다양하기 때문이다. 각각의 믿음에 맞춰 설명하다 보니 말이 길어지는 것이다. 반야심경은 수많은 믿음 가운데 보편적이고 근본적인 믿음만 언급하며 짧게 핵심만 말한다.

---

4) 문화재청 글 "민족의 의지, 목판에 새기다 팔만대장경" 참조.

經
경

'경(經)'은 산스크리트어 "수트라(sūtra, सूत्र)"의 뜻을 한자로 옮긴 말이다. '수트라'는 스승의 말씀을 뜻한다. 말로 전하는 스승의 가리킴이 '경'이다. '경'은 지식을 전하는 가르침이 아니라 길을 안내하는 가리킴이다. 이 '경'의 뜻에 오해가 없어야 반야심경을 바로 이해한다.

처음 반야심경의 내용을 접하는 이들은 도대체 무슨 말인지 알아듣기 힘들다. 왜냐하면, 우리가 통상 생각하는 방식이 아니기 때문이다. 우리는 세상 안에서 살아가는데 편리하도록 세상을 해석하며 사고한다. 하지만 '있는 그대로의 세상'은 우리가 익숙한 해석이나 사고방식과는 상관없이 늘 존재해 왔다. 반야심경은 이러한 '있는 그대로의 세상'을 설명하는 글이다. 그러니 우리의 사고방식과 '있는 그대로의 세상'과의 차이만큼이나 반야심경이 가리키는 반야를 이해하는 것은 힘들다.

반야심경은 언어로 반야를 설명한다. 언어는 우리의 사고방식을 바탕으로 하기에 사고방식의 한계만큼이나 언어는 한계를 가진다. 이 한계를 품고 스승은 반야를 설명해야 하기에, 글을 읽는 이는 반야심경이 종종 말이 안 되는 말을 한다고 느낄 수 있다.

반야심경의 비밀

말에 모순이 보인다. 그래도 사람들이 알아들을 수 있으려면 어쩔 수 없이 말로 해야 한다. 이때 말은 하나의 가리킴이다. 말은 그 자체의 한계 때문에 '있는 그대로의 세상'을 담을 수는 없지만 듣는 사람이 직접 살펴볼 수 있도록 그 길을 가리킬 수는 있다. 언어는 꽃을 담아내지 못하지만, 우리는 "저기 짙은 보라색의 꽃이 로즈메리 꽃이니 가서 보고 냄새도 맡아보렴."하고 알려 줄 수는 있다. 이것이 가리킴이다. 이 가리킴대로 가서 꽃을 보고 냄새를 맡아 보면 언어를 넘어 로즈메리 꽃을 알 수 있다.

　반야심경은 가리킴이다. 모든 스승의 말씀이 다 가리킴이다. 가리킴은 도구다. 진리가 아니다. 산이 아니라 산을 가리키는 방향표지판이다. 이것이 가리킴의 본질이다. 이 사실을 바로 알아야 오해가 없다. 반야심경을 대하는 기본자세가 바로 선다.

가르침이 아니라 가리킴이다.

반야심경의 구조

제목		마하반야바라밀다심경	
첫째	핵심 개요	관자재보살 행심반야바라밀다시 조견오온개공 도일체고액	반야의 내용
둘째	하나 / 핵심 의 설명	사리자 색불이공 공불이색 색즉시공 공즉시색 수상행식 역부여시 사리자 시제법공상 불생불멸 불구부정 부증불감 시고 공중무색 무수상행식 무안이비설신의 무색성향미촉법 무안계 내지 무의식계	
	둘 / 찾음 의 본질	무무명 역무무명진 내지 무노사 역무노사진 무고집멸도 무지 역무득	찾는 이를 돕는 내용
	셋 / 길의 본질	이무소득고 보리살타 의반야바라밀다 고심무가애 무가애고 무유공포 원리전도몽상 구경열반 삼세제불 의반야바라밀다 고득아뇩다라삼먁삼보리 고지반야바라밀다 시대신주 시대명주 시무상주 시무등등주 능제일체고 진실불허	
	넷 / 주문	고설반야바라밀다주 즉설주왈 아제아제 바라아제 바라승아제 모지 사바하 아제아제 바라아제 바라승아제 모지 사바하 아제아제 바라아제 바라승아제 모지 사바하	

오해를 걷어내고 보면 반야심경의 전체 구조가 잘 드러난다. 이 구조를 알면 반야심경의 뜻을 이해하기가 쉽고 오해가 없다. 물론 반야심경 자체에 이런 정해진 구조가 있다는 말은 아니다. 오해를 해소하고 이해를 돕기 위해 쓰는 도구다.

글의 구조

반야심경의 제목은 반야심경이 어떤 글인지 나타낸다.

반야심경의 본문은 크게 짧은 핵심 개요와 따라오는 긴 설명으로 나누어 볼 수 있다.

첫째, 첫 두 줄 '관자재보살'부터 '도일체고액'까지가 반야심경이 말하고자 하는 내용의 개요다. 이 중에서도 첫 줄 '관자재보살 행심반야바라밀다시'가 핵심이다. 이 핵심을 이해하려면 '조견오온개공'해야 한다고 그다음 줄에서 말한다. 세상을 구성한다고 믿는 다섯 가지 요소가 모두 공하다는 사실에 눈을 뜨면 모든 어려움을 뚫고 '관자재보살 행심반야바라밀다'의 뜻이 드러난다는 말이다.

둘째, '사리자'로 시작해서 '사바하'로 끝나는 나머지 본문의 내용은 사리자에게 첫 두 줄의 핵심 내용을 풀어서 설명하고 올바로 이해할 수 있도록 안내하는 내용이다. 이 둘째 부분은 다시 다음과 같이 네 부분으로 나눌 수 있다.

하나, '사리자'부터 '무의식계'까지는 '오온개공'을 풀어서 설명하는 글이다. '오온'의 다섯 가지 요소를 열거하면서 각각이 공함을 사리자가 볼 수 있도록 부연 설명을 곁들인다. 여기까지가 반야심경에서 알려주고자 하는 진리의 내용이고, 따라오는 다음 부분부터 본문 끝까지의 세 부분은 사리자가 진리에 눈을 뜰 수 있도록 돕는 내용이다.

둘, '무무명'부터 '무지 역무득'까지는 진리에 관한 잘못된 믿음을 가리키며 찾음의 본질을 말하는 내용이다. 찾는 이는 깨달음을 도구 삼아 자신이 원하는 것을 얻을 수 있다는 믿음이 있다. 그러나 찾음은 도구가 될 수 없다. 진리는 뭔가를 얻을 수 있는 수단이 아니기 때문이다. 뭔가를 얻겠다는 기존의 믿음을 내려놓아야 앞에서 말한 진리의 내용을 이해할 수 있다. '도일체고액'에서 말하는 '고'는 사리자에게 쌓인 여러 믿음이기에 대표적인 믿음들을 하나씩 부정하면서 사리자가 믿음을 내려놓을 수 있도록 돕는다.

셋, '이무소득고'부터 '진실불허'까지는 사리자가 찾음의 본질을 지키며 담대하게 나아가도록 독려하는 내용이다. 뭔가를 얻어야 한다고 믿는 찾는 이는 뭔가 특별한 비법을 특별한 스승에게서 얻을 수 있다고 믿고 찾아 헤맨다. 찾는 이가 이런 믿음을 내려놓고 바른 방향으로 나아갈 수 있게 길을 가리킨다.

넷, '고설반야바라밀다주'에서 '사바하'까지는 찾는 이가 찾음의 본질을 잃지 않고 바른 방향으로 나아가는 데 도움이 되도록 늘 반복해서 외울 수 있는 쉽고 간결한 주문을 알려주는 내용이다. 오랜 믿음을 깨는 데는 반복만큼 좋은 것이 없기 때문이다.

이렇게 반야심경은 끝난다.

반야심경은 핵심부터 말하고 이를 뒤로 가면서 풀어주는 형식을 취한다. 가장 처음 나오는 내용 '관자재보살 행심반야바라밀다시'가 핵심이고 가장 어렵다. 이 첫 줄에서도 그중 핵심은 '관자재보살'이다. '행심반야바라밀다시'도 어찌 보면 '관자재보살'의 설명이다. 진리의 핵심 내용은 사실 '관자재보살'에 다 포함되어 있다. '관자재보살'에 모든 존재의 비밀이 숨어 있다. 이 때문에 '오온'이 공함을 보고 '도일체고액' 하면 사리자는 비로소 자신의 실체를 알게 되면서 "나는 관자재보살이다."라고 선언하게 된다.

관자재보살, 관세음보살

'관자재보살(觀自在菩薩)'은 산스크리트어 "아바로키테슈와라 (Avalokiteśvara, अवलोकितेश्वर)"를 한자로 번역한 말이다. 또 다른 번역으로는 '관세음보살(觀世音菩薩)'이 있다. 두 번역 다 같은 뜻이 다. 이 책에서는 두 가지를 같은 뜻으로 섞어 쓴다.

스승과 찾는 이

반야심경은 스승이 말하고 제자가 듣는 형식이다. 반야심경에서 스승은 특정되어 있지 않지만, 제자가 '사리자'로 특정되어 있기에 '사리자'의 생전 스승인 '석가모니'를 반야심경을 설하는 스승으로 보는 것이 맞다. 어떤 이들은 반야심경을 석가모니가 아닌 '관자재보살'이라는 다른 인물이 설하고 있다고 말하기도 하는데 이것은 '관자재보살 행심반야바라밀다시'의 뜻을 잘못 해석해서 생기는 오해다.

반야심경은 스승 석가모니가 제자인 사리자에게 말하는 형식을 띠지만 석가모니와 사리자는 하나의 상징이다. 가장 처음 활자로 옮겨진 경전조차도 구전으로 내려오다 석가모니 사후 몇백 년이 지난 다음 쓰였으니 반야심경 또한 석가모니의 육성을 그대로 옮긴 것은 아닐 것이다. 오랜 세월 여러 사람의 입을 거치다 보면 스승의 말씀은 왜곡되고 부풀려지기 마련이지만 반야심경에는 이런 왜곡이 거의 없고 군더더기 없이 깔끔하다. 아마 이해가 완전한 스승들이 석가모니 말씀의 핵심을 다듬어 쓴 결과물이 아닌가 추측해본다.

반야심경을 듣는 제자는 '사리자'다. 석가모니의 생전 제자들 가운데 이해가 가장 깊었다고 알려진 제자가 사리자라서 가장 어렵다고 생각되는 핵심을 적는 반야심경에 '사리자'가 등장하는 건 어찌 보면 당연한 선택일지 모른다. 반야심경에서 사리자는 진리를 찾는 모든 이를 대표한다. 사리자는 '찾는 이'다.

이 책에서는 '제자'라는 말보다 '찾는 이'라는 말을 주로 쓴다. '제자'는 스승을 전제로 하지만 '찾는 이'는 어떤 전제도 없다. 스승도 없고 찾는 대상도 없다. 수행자나 구도자와 같은 말에는 찾음의 방법을 전제하거나 찾는 대상을 한정하는 의미가 포함되어 있다. 찾음에는 어떤 전제도 있어서는 안 된다. 찾아지는 무엇은 당신이 생각할 수 있는 무엇이 아니기 때문이다. 무엇을 전제하든, 심지어 '진리'라는 말도 전제하는 순간 틀에 갇힌다. 그래서 그저 '찾음'이고 '찾는 이'라고 한다.

　사리자는 '찾는 이'다. 이 글을 읽고 있는 당신도 '찾는 이'다. 무엇을 찾는지 모른다. 모르기에 찾는다. 모름을 모름에 두고 찾는다. 이것이 초심자의 마음이다. 찾는 이는 초심자의 마음으로 찾는다.

선심초심(禪心 初心)

- 스즈키 순류 (祥岳俊隆)

　　　　　　　　　　　　　　　　　　　　　반야심경의 비밀

3장

반야심경의 비밀과 오해

방대한 불교 경전의 핵심이 반야심경이다. 그리고 이 반야심경의 핵심은 첫 다섯 글자 '관자재보살'이다. 반야심경의 나머지 부분은 관자재보살을 설명하고 찾는 이가 직접 그 실체를 보도록 도와주는 내용이다.

관자재보살, 이 다섯 글자는 세상과 세상을 바라보는 '나'의 실체를 가리키는 말이며, 세상 모든 부처에게 일어난 앎이다. 하지만 오랜 세월 사람들은 이 사실을 알지 못하고 관자재보살을 전혀 다른 의미로 해석하며 반야심경을 오해했다. 이 때문에 참으로 아름답고 깊은 진리의 표현은 왜곡되고 의도하지 않게 감춰진 비밀이 되었다.

觀自在菩薩 行深般若波羅蜜多時
照見五蘊皆空 度一切苦厄
관자재보살 행심반야바라밀다시
조견오온개공 도일체고액

관자재보살은 세상의 실체를 가리키는 깊은 진리의 표현이기에,
세상 모든 것이 공함을 바로 보면 모든 어려움을 넘어 그 실체에
닿느니라.

觀自在菩薩 行深般若波羅蜜多時
관자재보살 행심반야바라밀다시

　반야심경의 핵심이라고 일반적으로 알려진 구절은 '색즉시공 공
즉시색'이다. 아니면 마지막 부분인 '아제아제 바라아제 바라승아
제 모지 사바하' 주문을 떠올린다. 하지만 반야심경의 핵심은 첫
줄 '관자재보살 행심반야바라밀다시'이다. 이 첫 줄 가운데서도 핵

반야심경의 비밀

심을 말하자면 첫 구절 '관자재보살'이다. 그래서 반야심경의 핵심은 '관자재보살'이다. 여기에 '삼세제불'이 눈을 뜬 앎이 담겨있다.

관자재보살,
언어를 넘어서 가리키다.

도대체 '관자재보살'이 뭐길래 반야심경의 핵심일까? 여기 반야심경 해설의 목적은 이 물음에 답하는 일이다. '관자재보살'의 뜻에 다가가려면 먼저 반야심경 첫 줄 '관자재보살 행심반야바라밀다시'에 쌓인 오해부터 씻어야 한다. 널리 알려진 기존 번역들을 살펴보며 어떤 오해가 있는지 알아본다.

"관자재보살(觀自在菩薩)이 깊은 반야바라밀다(般若波羅蜜多)를 행할 때, 다섯 가지 쌓임[五蘊]이 모두 공(空)한 것을 비추어 보고 온갖 괴로움과 재앙을 건지느니라."

- 불교기록문화유산에서 가져온 이운허 번역이다.

"관자재보살이 깊은 반야바라밀다를 행할 때, 오온이 공한 것을 비추어 보고 온갖 고통에서 건너느니라."

- 대한불교조계종의 종단 표준 한글 반야심경이다.

"관자재보살(관세음보살)이 반야바라밀다(부처님의 지혜)를 행할 때 오온이 공(불법번역 4대 원칙상 공을 풀어쓰지 않음)한 것을 비추어 보시고 온갖(일체) 괴로움과 재앙을 건넜다."

- 위키피디아에서 가져온 번역이다

"관세음보살이 깊은 반야바라밀다(般若波羅蜜大)를 행할 때에 5음(陰)이 공함을 비추어 보시고 모든 괴로움과 액난을 건너셨다."

- 한글대장경 사이트(abc.dongguk.edu)의 마하반야바라밀대명주경(구마라집 한역)에서 가져온 번역이다.

"관자재보살(관세음보살)께서 심원한 반야의 완성을 실천하실 때에 오온[五蘊: 色(물질), 受(감각), 想(생각), 行(의지), 識(인식)]이 다 공(空)이라는 것을 비추어 깨달으시고, 일체의 고액(고통과 재액)을 뛰어넘으셨다."

- 책 '스무살 반야심경에 미치다'에 나온 도올 김용옥의 번역이다.

"Avalokiteshvara while practicing deeply with the Insight that Brings Us to the Other Shore, suddenly discovered that all of the five Skandhas are equally empty, and with this

반야심경의 비밀

realization he overcame all Ill-being."

- 플럼빌리지 사이트(plumvillage.org)에서 가져온 틱낫한(Thich Nhat Hanh)
스님의 영어 번역이다.

이 부분을 사람들이 어떻게 이해하는지 좀 더 자세히 살펴보기 위해 반야심경을 이야기로 풀어 썼다는 경전 본의 해당 부분도 가져와 봤다.

"어느 때 부처님께서 왕사성(王舍城)의 기사굴산(耆闍崛山)에서 큰 비구 대중들과 보살들과 함께 계셨다. 이때 부처님 세존께서 넓고 크고 매우 깊은 삼매[廣大甚深三昧]에 드셨는데, 그 때 모인 대중 가운데 관자재(觀自在)라 이름하는 보살마하살(菩薩摩訶薩)이 있어 깊은 반야바라밀다(般若波羅蜜多)를 행하여 오온(蘊)이 다 공(空)함을 비추어 보고는 모든 괴로움과 재앙에서 벗어났었다. 그러자 즉시 사리불(舍利弗)이 부처님의 위신력을 이어받아 합장하고 공손하게 관자재 보살마하살에게 말하였다.

선남자여, 만약 매우 깊은 반야바라밀다를 행하려는 이가 있다면 어떻게 수행해야 합니까?
이와 같은 물음을 마치자, 이때 관자재 보살마하살이 구수(具壽) 사리불에게 말했다.

사리자여, 만약 선남자·선여인이 매우 깊은 반야바라밀다를 행할 때에는 오온의 자성(自性)이 공함을 관(觀)해야 합니다."

- 한글대장경 사이트의 '반야바라밀다심경' 경전에서 가져온 번역으로 계빈국(罽賓國) 반야(般若)·이언(利言) 공역이다.

기존의 번역들에서 잘 드러나는 한 가지 사실은 '관자재보살'을 한 사람 또는 한 사람과 같은 존재로 믿고 있다는 점이다. '관자재보살'이라는 한 인물이 '반야바라밀다'라는 어떤 행위를 한다고 설명한다. 이런 행위를 통해서 세상이 공하다는 사실을 깨닫고 세상 모든 괴로움에서 벗어나서 궁극의 행복을 얻었다는 말이다.

어떤 설명은 관자재보살을 석가모니 부처라고 말하고, 또 다른 설명은 석가모니 부처 밑에서 깨달은 어떤 스승이라고 말한다. 또 어디에서는 부처가 되기 전 단계의 깨달음에 있는 사람이라고 말한다. 또 어디에서는 영원한 행복을 누릴 수 있는 열반에 들기를 잠시 멈추고 고통 속에 울부짖는 모든 중생을 사랑으로 구제하기 위해 힘쓰는 보살이라고 설명하면서 사람들의 소원을 들어주는 신과 같은 존재로 묘사한다. 다양한 설명이 있지만 결국 의인화된 한 대상이라는 말이다.

이런 설명에는 현실의 고통에서 벗어나 즐거움만 있는 세상으

반야심경의 비밀

로 가고 싶은 세상 사람들의 바람이 고스란히 녹아 있다. 이런 바람은 종교의 몫으로 놔두고, 찾는 이는 이를 넘어가야 한다. 내가 바라는 진리가 아닌, 있는 그대로의 진리가 드러나도록 나아가야 한다.

'관자재보살'은 어떤 인물이 아니다. '관자재보살'은 있는 그대로의 진리를 상징하는 가리킴이다. 지금, 이 순간 나와 세상의 실체가 무엇인지 적나라하게 묘사하는 가리킴이다. 여기에 참으로 미묘하고 미묘한 세상의 존재 방식이 숨겨져 있다.

반야심경은 '관자재보살'을 설명하는 글이다. 석가모니도 사리자도 반야심경을 읽는 사람도 '관자재보살'이라는 가리킴을 이미 알고 있다는 전제하에 설명을 이어간다. 사리자가 '관자재보살'이라는 말을 익히 들어 알고는 있으나 그 뜻을 제대로 이해할 수 없어서 물어보는 말에 석가모니가 설명하는 형식이다. 아마도 반야심경이 쓰이던 때에는 '관자재보살'이라는 말이 어느 정도 퍼져 있는 말이었을 것이다. 그런데, 지금까지 전해지는 반야심경에는 관자재보살에 관한 다른 설명이나 언급이 없으니 오해는 어쩌면 당연하다. 온전한 이해가 없이 반야심경만으로 '관자재보살 행심반야바라밀다'의 뜻을 어찌 알까, 그 미묘하고 미묘한 존재의 비밀을.

아바로키테슈와라(avalokiteśvara),

관자재보살, 관세음보살,

천수천안 관세음보살, 인드라의 망(Indrajāla), 연기(緣起),

일체유심조(一切唯心造), 천상천하유아독존(天上天下唯我獨尊),

불이(不二), 아드바이타(Advaita),

결국 다 같은 말이다.

불교 스승들은 불교 가리킴의 핵심을 두 글자로 짧게 '불이(不二)'라고 표현한다. 불이(不二)는 단순히 "둘이 아니다."라는 뜻이다. 불이(不二)는 산스크리트어 "아드바이타(Advaita, अद्वैत वेदान्त)"에서 왔다. '드바이타(Dvaita, 이원성)'에 부정의 뜻을 가진 "A"를 덧붙여서 만들어진 말이다. 영어로는 '난두알리티(Non-Duality)'라고 부르고 한자로 '비이원성(非二元性)'이라고도 한다.

비이원성은 '이원성(二元性)'을 부정하는 말이다. 세상 모든 것이 각각 독립적으로 존재한다는 일반적인 생각을 이원성이라고 부른다. 이것을 부정하며 "그렇지 않다. 독립적으로 존재하는 것처럼 보일 뿐이지 실체는 독립적으로 존재하지 않는다."라고 말하는 것이 비이원성이다. 단순히 "세상의 실체가 둘이 아니다."라는 뜻이다.

관세음보살은 불이(不二)의 또 다른 표현이고 반야심경은 대표적인 아드바이타 가리킴이다. "둘이 아니다."라는 이 평범한 말을 바로 이해하기란 사실 쉽지 않다. 너무 결과론적인 표현이기 때문이다. 반야심경은 이 결과론적인 표현에 도달할 수 있도록 찾는 이를 안내한다.

관세음보살은 세상 모든 것이 이 순간 어떻게 존재하는지, 그리고 나의 실체가 세상과 어떻게 관련이 있는지를 묘사하는 표현이다. 이 미묘하고 미묘한 가리킴은 궁극적 깨달음이 일어나고 찾음이 온전히 끝날 때 그 뜻이 바르게 환히 드러난다. 왜 둘이 아니라고 표현하는지 알게 된다.

자기 자신을 포함해서 독립된 개체들로 세상이 이루어져 있다고 믿는 이원성의 시각에서 비이원성의 핵심을 이해하는 것은 불가능하다. 아무리 많이 이해한다고 생각해도 찾음이 온전히 끝날 때까지는 이렇게 저렇게 오해하기 마련이다. 왜냐하면, 이 궁극적인 이해는 머리로 이해할 수 있는 것이 아니기 때문이다. 언어로 전달될 수 있는 지식이 아니기 때문이다. 오직 찾는 이가 모든 믿음을 내려놓고 있는 그대로의 진리에 눈을 뜰 때 어떤 언어나 생각으로도 표현할 수 없는 앎이 일어난다. 이때 비로소 언어 너머로 가리키고자 했던 스승의 의도를 알 수 있다.

반야심경의 두 번째 구절부터는 첫 구절을 설명하는 글이기에 나머지 내용을 잘 이해하면 '관자재보살'의 뜻에 쉽게 다가갈 수 있다. 반야심경의 말대로 오온이 모두 공하다는 사실에 눈을 뜨면 모든 어려움을 넘어서 그 뜻에 닿는다. 그러니 반야심경 나머지 부분을 먼저 살펴본 뒤에 다시 '관자재보살'에 어떤 비밀이 숨어있는지 자세히 살펴보기로 한다.

照見五蘊皆空
조견오온개공

오온은 '색수상행식' 다섯 가지를 말하는데, 존재하는 모든 것을 가리킨다. '색'은 세상에 존재하는 모든 사물이고, 그 '색'들이 이루는 세상을 바라보는 나의 감각과 인식과 생각과 의식이 '수상행식'이다. 오온은 세상과 세상을 바라보는 '나', 즉 우리가 존재한다고 생각하는 모두를 포함하는 말이다. 어떤 예외도 없이 모두다.

반야심경은 이 모두가 공하다고 말한다. 그리고 이 사실에 눈을 뜨면 '일체고액'으로 표현되는 찾는 이의 모든 믿음을 넘어 '관자재보살 행심반야바라밀다'가 가리키는 궁극의 진리에 닿는다고 말한다. 그래서 반야심경의 둘째 줄부터는 이 "오온이 공하다"라는 말이 무슨 뜻인지를 찾는 이에게 설명한다.

> *오온은 "존재가 무엇인가?"라는 의문을 던지는 말이다.*
> *존재한다는 것이 무슨 뜻인가?*
> *존재가 뭘까?*
> *답은 늘 당연함 뒤에 숨어있다.*

蘊
온

'온(蘊)'은 산스크리트어 "스칸다(Skandha, स्कन्ध)"의 뜻을 한자로 옮긴 말이다. 스칸다는 "뭔가 쌓인 덩어리, 뭔가 모인 집단이나 영역"을 뜻한다. 반야심경에서는 '색수상행식' 다섯 가지 '온'을 말하며 존재하는 모든 것의 실체를 가리킨다. 이렇게 다섯으로 나누어 설명하는 것은 존재하는 것들이 이런 다섯 가지로 구성되어 있다는 말이 아니다. 보통 '온'을 인간이나 세상을 구성하는 요소라고 해석하는데, 그렇지 않다. 있는 그대로의 세상에는 어떤 구별도 없다. 나누어서 구별할 수 있는 구성요소 같은 것은 없다.

그럼, 반야심경에서 말하는 '온'은 무엇을 가리키는 걸까? 바로 당신의 믿음이다. 자신과 세상을 바라보고 해석하는 당신의 습관이다. 나고 자라면서 반복된 우리의 습관은 여러 믿음으로 굳어졌다. 이 믿음들을 다섯으로 나눈 것이 '색수상행식', '오온'이다.

'색수상행식' 각각에 쌓인 우리의 믿음이다. 반야심경은 이 다섯 가지 영역의 믿음들을 하나씩 설명하며 당신이 그 믿음들을 살펴볼 수 있도록 돕는다. 그 믿음들이 모두 공함을 보면 '있는 그대로'가 드러나기 때문이다.

度一切苦厄
도일체고액

'도(度)'는 넘어선다는 말이다. '도일체고액'은 일체의 '고액'을 넘어선다는 말이다. 보통 '고액(苦厄)'은 괴롭고 불행한 일을 뜻한다. 세상 사람들은 삶에서 자신이 겪는 괴로움을 '고액'이란 말에 담는다. 그래서 '도일체고액'을 삶의 모든 고통과 불행에서 벗어나서 늘 행복한 상태에 도달한다는 뜻으로 해석한다. 진리를 깨달아 세상의 고통에서 벗어나고픈 인간적인 바람이다. 기존의 모든 반야심경 번역과 해설은 이런 세상 사람들의 바람을 담고 있다.

하지만 반야심경은 이런 세상 사람들을 위한 글이 아니다. 무언가에서 벗어나고 싶어서, 무언가를 얻고 싶어서 진리가 필요한 사람들을 위한 글이 아니다. 아무것도 얻을 것이 없어도 오직 '있는 그대로의 진리'가 드러나기를 바라는 찾는 이를 위한 글이다. 세상 사람들은 "얻을 것이 없는데 왜 진리를 찾아?"라고 의아해할지 모른다. 하지만 드물게도 아무런 목적 없이 그저 '있는 그대로의 진리'가 미친 듯이 궁금한 이들이 있다. 이 궁금증을 풀기 위해서라면 자신이 가진 모든 것을 던져버리고 심지어 자기 자신마저도 망설임 없이 던질 준비가 되어 있는 이들이 있다. 이런 이들에게는 삶의 고통이나 영원한 행복 따위는 중요하지 않다. 궁금함에 마음이 타들어 가는데 다른 목적 같은 것을 담아둘 여유가 없다. 반야심경은 이런 이들을 위한 글이다. 이런 '찾는 이'의 손을 잡고 마지막 문턱을 넘어서게 도와주는 스승의 안내이다.

반야심경은 '관자재보살 행심반야바라밀다'로 표현되는 진리를 가리킨다. "둘이 아니다."라는 비이원성이다. '아드바이타'다. 세상을 넘어 세상의 근원을 가리킨다. 그런데, "괴로움과 재앙을 건너는 일"이라는 해석은 여전히 이원성의 관점에서 본 해석이다. 극복해야 할 대상과 극복하는 '나'로 구분하는 이원성이다. 세상 안의 일이다. 이것은 반야심경이 가리키는 바가 아니다. 반대로, 반야심경은 이런 이원성을 극복하도록 돕는다. 세상의 수많은 믿음과 스스로 너무 당연하게 여겨온 믿음을 넘어가도록 돕는다. 이런 모든 어려움, '일체고액'을 넘어 '내'가 원하는 진리가 아닌 '있는 그대로의 진리'에 눈뜨도록 돕는다.

대부분의 사람에게는

괴로움 없이 영원한 행복에 대한 바람을 내려놓는 일 만큼

큰 고액도 없을 것이다.

4장

세상과 나의 실체

이제부터 사리자에게 '오온개공'의 뜻을 설명해 나간다. 오온 하나하나를 살피며 공함을 설명한다. 오온은 존재하는 모든 것이다. 눈에 보이든 보이지 않든 예외 없이 당신이 존재한다고 믿는 모든 것이다. 이 글을 읽고 있는 당신도 예외가 아니다.

舍利子 色不異空 空不異色 色卽是空
空卽是色 受想行識 亦復如是
사리자 색불이공 공불이색 색즉시공
공즉시색 수상행식 역부여시

사리자여, 물질이 공과 다르지 않고 공이 물질과 다르지 않기에
물질이 곧 공이고 공이 곧 물질이니, 감각과 인식과 생각과 의식
도 그러하니라.

'오온개공'을 풀어서 설명한다. 다섯 가지 세상을 이루는 존재인
'색'과 '수상행식' 모두가 공하다고 말한다. '색'은 세상이고 '수상행
식'은 세상을 바라보는 '나'다. 이 모두가 공하다며 세상과 '나'에
대한 믿음을 가리킨다.

舍利子
사리자

'사리자(舍利子, 산스크리트어: Śāriputra, शारिपुत्र)'는 석가모니가 살아 계실 때의 제자들 가운데 한 명으로 가리킴에 대한 이해가 가장 깊었다고 알려져 있다. 반야심경의 문맥에서 사리자는 특정한 사람을 가리키는 것이 아니라 사리자처럼 있는 그대로의 진리를 찾는 모든 이를 일컫는다. 바로 이 글을 읽고 있는 당신이다.

스승은 찾는 이가 정한다. 어떤 이가 석가모니를 스승으로 여기면 석가모니는 스승이 되고 그는 제자가 된다. 석가모니를 스승으로 받아들이지 않는 이에게 석가모니는 스승이 아니다. 정해진 스승은 없다. 그래서 스승은 자신을 '스승'이라 여기지 않는다. '스승'은 제자의 마음에 있다는 사실을 알기 때문이다.

제자는 스승의 가리킴에 마음을 연다. 스승의 말에 의심이 없다. 급기야, 불을 향해 날아 들어가는 불나방처럼 스승의 가리킴을 따라 반야 속으로 자신의 모든 것을 내던지며 뛰어든다. 그렇게 모든 믿음이 불타고 사라진 자리에 있는 그대로가 드러난다.

반야심경은 스승의 가리킴이다. 이 책의 해설 또한 스승의 가리킴이다. 전적으로 마음을 연 이들을 위한 가리킴이다. 그 열린 마음의 틈 속으로 가리킴이 파고들어 존재에 대한 당신의 믿음을 뿌리째 흔들 것이다. 이 과정에서 찾는 이는 여러 어려움을 겪는다. 때론 가슴 깊숙이 상상도 못 한 저항이 밀려온다. 그러기에 찾는 이는 가리킴에 대한 전적인 신뢰와 자기 자신에 대한 진실함과 찾음에 불같은 간절함이 있어야 그 모든 어려움을 뚫고 찾음을 끝낼 수 있다.

제일 중요했던 것은 아마 신뢰와 진실함과 불같은 간절함이었다.

- 리사 카하레 (Lisa Kahale)

色不異空 空不異色 色卽是空 空卽是色
색불이공 공불이색 색즉시공 공즉시색

'색불이공 공불이색'이라 말하고 이 말을 '색즉시공 공즉시색'이라고 조금 다르게 반복했다.

먼저 '오온(五蘊)' 가운데 '색(色)'으로 표현되는 사물부터 이야기한다. '색'은 우리가 바라보는 세상에 존재하는 모든 물질을 일컬는다. 과학자는 세상의 모든 것이 원자로 이루어져 있다고 말하는데, 이렇게 원자로 이루어진 모든 것이 '색'이다. 컴퓨터, 책상, 유리, 집, 나무, 흙, 산과 바다, 공기와 하늘, 동물들, 사람들, 모든 생명, 해와 달, 별들, 세상에 존재하는 모든 '것'이다. 우리는 이러한 '것'들이 각각 단단한 하나의 개체로서 어떤 실체가 있다고 믿는다. 하지만 반야심경은 이 믿음이 잘못됐다는 사실을 가리키며 '것'의 실체가 따로 있지 않다고 말한다. '것'의 실체가 따로 있지 않다는 뜻으로 '공하다'라고 말한다.

'공'은 사리자의 믿음을 가리키는 말이다.
사라자의 믿음을 깨는 망치다.

空
공

'공(空)'은 산스크리트어 "순야타(śūnyatā, शून्यता)"의 뜻을 한자로 옮긴 말이다. 보통은 "텅 비어있음(Emptiness, Voidness)"이라고 해석한다. 틀린 말은 아니지만, 온전히 맞는 말도 아니다. '공'은 '아

무엇도 없음(Nothing)'이나 진공(Vacuum)이라는 뜻이 아니다. '공하다'는 말은 우리가 가진 사물에 대한 믿음을 가리키는 말이다.

우리는 사물이 독립적으로 존재하는 어떤 '것'이라고 생각한다. 하나의 개체다. 우리의 경험상 분명히 맞는 말이다. 이렇게 경험할 수 없으면 인간으로 기능하며 세상을 살아갈 수 없다. 하지만, 반야심경은 이런 경험의 내용을 가리키지 않는다. 독립된 개체로 보이는 '색'의 실체가 뭐냐는 거다. 독립된 개체로 경험되지만, 그 실체는 그렇지 않다는 말이다. 편의상 "독립된 개체로 경험된다."라고 설명했지만, 이 경험도 가만히 살펴보면 '독립된 개체로 경험되는 것'이 아니라 '독립된 개체라고 믿으며 경험을 해석하고 있는 것'이다.

'색즉시공 공즉시색'이라고 하니 사람들은 '공'을 어떤 존재로 해석한다. '색'의 이름만 '공'으로 바꾸어 결국 같은 믿음으로 돌아온다. 개체의 성질만 바뀌었지 여전히 세상이 독립된 개체들로 이루어져 있다는 믿음이다. 사람들에게 이런 믿음은 뿌리가 아주 깊다. 스승이 아니라고 하니 "아하, 그렇구나" 하며 고개를 끄덕인다고 믿음이 사라지지 않는다. 그 순간 잠시 믿음이 옅어지다가도 "하지만…"하며 다시 돌아온다. 그리고 스승의 가리킴을 자신의 믿음에 끼워 맞춘다. 아무리 사리자처럼 이해가 깊어도 찾음이 온전히 끝나기 전까지는 오해하고 믿음에 붙잡혀 있기 마련이다.

반야심경의 비밀

이 사실을 잘 아는 스승이기에 반야심경은 여기서 끝나지 않고 이어지고, 마지막에 스승의 가리킴을 쉽게 되새길 수 있는 주문까지 주면서 찾는 이가 자신의 믿음들인 '일체고액'을 넘어설 수 있게 돕는다.

공하다.

어디 정해진 것이 있는가?

여전히 '공하다'는 말이 와닿지 않으면 이렇게 뒤집어 물어보라, "어디 정해진 것이 있는가?" 세상 만물 가운데 어디 정해진 것이 있는가? 어디 고정된 것이 있는가? 어디 독립적으로 존재할 수 있는 것이 있는가?

이 물음에 대한 답을 찾는 데 도움이 되는 몇 가지 과학 개념이 있다. 양자역학은 간단히 말해서 세상의 모든 것을 이룬다는 작은 입자인 원자 안에서 일어나는 미시세계의 물리적 현상을 연구하는 과학인데, 이 양자역학의 몇몇 개념들은 '색(色)', 즉 물질에 대한 우리의 믿음을 살펴보는 데 도움이 된다. 그중에 하나를 살펴본다.

양자역학에 '관찰자 효과'라는 개념이 있다. 과학자는 작은 입자가 하나의 독립된 개체라고 생각했다. 독립된 개체라면 다른 것들에 영향을 받지 않는 고유의 성질을 가져야 한다. 이것을 입증

하기 위해 아주 작은 입자인 전자를 가지고 '이중 슬릿 실험(Double-slit experiment)'을 해봤다. 대량의 전자를 무작위로 작은 두 개의 가느다란 틈으로 통과시켜서 어디로 가는지 보는 실험이었는데, 전자가 개체이면 누가 보든 말든 모두 직선으로 날아가 둘 중 하나의 틈을 통과해 예상되는 곳에 도착해야 한다. 그런데 이상한 결과가 나타났다. 마치 물에 돌을 던졌을 때 물결이 지나가듯 전자들이 물결처럼 행동한 결과가 나타났다. 물결은 파동이다. 파동은 현상이지 독립된 개체가 아니다. 결과에 놀란 과학자는 각각의 전자가 어느 틈을 어떻게 통과하는지 보기 위해 측정 장치를 설치해서 관찰하기 시작했다. 그런데 더 놀라운 사실이 일어났다. 측정 장치를 설치해서 틈을 지나가는 전자를 보기만 했을 뿐인데 결과가 달라졌다. 과학자가 처음 예상한 대로 전자들이 직선으로 날아가서 틈 뒤 예상된 곳에 도착한 것이다. 전자가 누가 관찰한다고 물결이 아니라 하나의 개체로 행동했다는 말이다. 측정 장치를 빼니 전자들은 다시 물결처럼 행동한 결과를 보여주었다. 누가 관찰하면 독립된 개체처럼, 누가 보지 않으면 물결처럼 행동하는 것이다. 작은 빛 광자에서 전자, 원자, 또 큰 분자로 다양한 크기의 입자들을 가지고 실험을 거듭해도 같은 결과가 나왔다. 이를 '관찰자 효과(Observer effect)'라고 이름 지었다. '관찰'한다는 행위가 입자의 존재에 영향을 주었다는 말이다. 이 말은 입자는 관찰하는 다른 개체에 영향을 받아서 존재가 결정

된다는 말이다. 이렇게 관측행위 때문에 특정 개체로 결정되는 것을 '파동함수의 붕괴(Wave function collapse)'라고 부른다.

관찰되기 전에는 존재라고 할 것이 없다. 관찰되기 전에는 '공'하다. 그런데 관찰되면 존재라고 할 것이 없는 '공'에서 어떤 '것'으로 나타난다. '공즉시색'이다. 이렇게 나타나는 어떤 '것'은 그 자체로 실체가 따로 없기에 공하다고 말할 수 있다. '색즉시공'이다.

당신을 포함한 세상의 모든 것은 이런 입자들로 이루어져 있다. 세상의 모든 입자가 서로서로 관찰하고 관찰당한다. 세상 모든 '것'은 다른 '것'이 있기에 '것'으로 존재할 수 있다. 지금, 이 순간 그렇게 존재하기에 '색불이공, 공불이색'이다.

지금, 이 순간 '색불이공 공불이색 색즉시공 공즉시색'이다.

이런 과학 실험의 결과는 우리가 당연하다고 생각해온 '것'들에 대한 믿음에 의문을 제기한다. "어디 정해진 '것'이 있는가?" 나아가서 의문이 든다 "존재란 무엇인가?" 우리가 쓰는 '존재'란 말에는 '고유의 성질을 가진 독립적인 개체'라는 믿음이 있다. 이 믿음이 잘 못 됐다고 알려주는 말이 '색불이공 공불이색 색즉시공 공즉시색'이다.

양자역학은 양자 세계에 국한되어 있지만, 반야심경은 양자 세계에 한정되지 않는다. 반야심경은 작은 입자들이 이루는 세상 전체를 가리킨다. 지금 자신의 주위를 둘러보라. 밖으로 나가 길을 걸으며 주위를 살펴보라. 어디 하나 정해진 것이 있는가? 어디 정해진 형태가 있는가? 한 걸음 한 걸음 걸을 때마다 세상은 변한다. 당신의 시점에 따라 변한다. 보는 각도에 따라, 시간에 따라, 빛의 양에 따라 같은 사물이라고 해석하는 그 사물은 다르게 보인다. 시점이 없으면 사물도 없다. 지금 당신이 바라보는 시점에 따라 모든 것이 결정된다. 그렇지 않은가?

배워온 개념을 내려놓고 있는 그대로의 세상에 마음을 열라.

처음 이런 내용을 접하면 받아들이기가 쉽지 않다. 이해가 되지 않는다. 굳이 머리로 이해할 필요 없다. 이해하려 하지 마라. 이해할 수 있는 것이 아니다. 직접 살펴보라. 가리킴을 따라 직접 살펴보다 보면 마음이 열린다. 반복하다 보면 익숙해지고 받아들여지게 된다. 그러다 문득, 모든 의문이 사라진다.

반야심경의 비밀

受想行識 亦復如是

수상행식 역부여시

　'색'의 실체가 따로 없는 것처럼 세상을 이루는 다섯 가지 가운데 나머지 '수상행식'도 실체가 따로 없다고 말한다. 여기서 '수상행식'이 가리키는 대상은 세상을 바라보는 '나'다. 이 순간, 이 글을 읽고 있는 당신이다. "오온이 공하다, 세상의 실체가 공하다."라는 말에 고개를 끄덕이면서도 "그런데, 나는 무엇인가?"라고 다시 묻는다. 세상에서 '나'만 쏙 빼고 공함을 받아들이기 때문이다. 이 사실을 너무도 잘 아는 스승은 곧바로 "너도 마찬가지로 공하니라."라고 일깨운다.

　세상 모두가 공하다는 것을 알아도 한 가지가 남는다. 세상을 보는 '나'다. 그럼 이 '나'는 무엇일까? 반야심경은 '수상행식 역부역시'라며 분명히 답한다. 이 글을 보는 당신의 실체는 공하다고.

스승은 이미 답했다.
문제는 이 답을 당신이 감당할 수 있느냐다.

　'색즉시공 공즉시색 수상행식 역부여시'는 "나는 무엇인가?"라는 근본 물음에 대한 답이다. 자신에게 물어보라. "정해진 '나'가 있는가? '나'라고 할 것이 있는가? 고유의, 불변의 '나'라고 할 것이 있는가?"

　많은 이들이 세상이 공하다는 사실은 어느 정도 받아들이나, '나' 또한 공하다는 사실 앞에서 멈추는 경우가 많다. 어떤 이는 세상의 공함을 받아들이기 이전에 '나'의 공함을 먼저 받아들인 듯 보이지만 찾음의 마지막 문턱에서 숨어있던 '나'를 다시 만난다. 당연함 뒤에 숨어있던 '나'는 더욱 무섭다. 상상도 못 한 저항이 밀려온다. 무언가 불변하는 고유의 '나'라고 할 것이 있을 거라는 믿음 때문이다. 보통 이러한 믿음을 '에고(ego)'라고 부른다. 이 믿음은 뿌리가 깊다. 너무도 당연하게 여겨지는 이 믿음이 너무도 사실 같아 도저히 들추어 보기가 겁난다. 들추어 보려 할수록 마음속 깊은 곳에서부터 거부감이 밀려온다. 들추어 보면 볼수록 힘들다. 결국에는 몸이 거부한다. 거대한 '에고'의 벽에 숨이 막힌다. 찾는 이는 이 벽을 뚫고 가야 한다. 싯다르타가 찾음의 끝 무렵 보리수나무 아래서 '마라 파파야스(Māra pāpīyas, मारपापीयस्)'와 한판 대결을 벌였듯 당신도 이 벽을 뚫고 가야 한다. 아무리 거대한 벽처럼 느껴져도 하나의 허상에 지나지 않기에 능히 지나갈 수 있다. 이 거대한 허상을 무력화하는 하나의 무기는 간절함이다. 오직 '있는 그대로의 진리'가 드러나기를 바라는 간절함은 허상을 불태운다. 이렇게 마지막 믿음의 실체가 공함을 바로 보게 되면 '도일체고액' 하며 '관자재보살 행심반야바라밀다'의 뜻과 만난다. 나와 관자재보살이 둘이 아님을 안다.

나는 무엇인가?

"당신은 무엇입니까?"

이 물음에 답해보라. 반야심경의 처음과 끝이 이 물음에 있다. 모든 찾는 이의 물음이다, "나는 무엇인가?" 보통 사람들은 "나는 누구인가?"라고 묻는데, 여기서 '누구'는 '나'를 인간으로 제한한다. 어떤 제한도 있으면 안 되기에 여기서는 "나는 무엇인가?"라고 묻는다.

먼저, '나'는 무엇이라는 자신의 믿음을 살펴보아야 한다. '나'는 무엇이라고 믿는 모든 믿음을 들추어보아야 한다. 마음속 깊이 숨겨진 믿음까지 모두 들추어 보아야 한다. 솔직하게, 간절하게 살펴보라. 그리고 답해보라.

여러 답이 나왔을 것이다. 이름, 직업, 성격, 성별, 유전자 정보 등등은 '나'에 관한 정보지 '내'가 아니다. 우리는 '나'의 실체를 묻는 것이지 '나'에 관한 정보를 묻는 것이 아니다. 다시 물어보라.

아마도 다음에 나올 답은 나의 '몸'이다. 나의 이 육체가 '나'라는 것이다. 당신의 육체가 당신의 실체인가? 이런 답에 예전부터 스승은 이렇게 되물었다. "너의 부모가 태어나기 전 너는 어디 있었나?" 그리고 또 묻는다. "너의 몸이 죽고 썩어 흙으로 돌아가고 나면 너는 어디 있는가?" 몸이 당신이라면 답은 정해져 있다. 그런데 명쾌하게 답할 수 있는가? 미련이 남는가? 답을 해도 뭔가 가슴 깊숙이 저항이 느껴지는가? 분명 에고는 여기에 답을 허용하지 않을 것이다.

그러나 반야심경은 여기에 분명한 답을 내놓는다. 과거나 미래는 볼 것도 없이 이 순간 당신의 육체는 공하다고 선언한다. '색즉시공', 지금 당신의 육체도 '색'이기에 공하다. 육체에 자신의 정체성을 부여하는 이 믿음은 보편적이고 견고해서 의외로 저항이 심하게 나타날지도 모른다.

다음에 나올 답은 '마음'이다. 사람들은 나를 이루는 요소로 몸과 마음을 이야기한다. 몸이 '색'이라면 '마음'은 '수상행식'이다. 이번에도 물어야 한다. "정해진 마음이 있는가?" 마음이 늘 움직이고 변하기에 정해진 마음은 없지만, 왠지 이 마음에 실체가 있을 것만 같다. 마음은 '의식'으로, 또 '영혼'으로 이름을 달리하며, 뭔가 사라지지 않는 고유의 개체일 것만 같다. "것만 같다."가 아니라 "그래야 한다."라는 생각이 견고하다. 하지만 반야심경은 '수상행식 역부여시'라며 그렇지 않다고 선언한다.

'수상행식(受想行識)'은 감각(受)과 인식(想)과 생각(行)과 의식(識)이다. 우리는 '수상행식'을 구분해서 생각하고 각자 독립적으로 존재한다고 믿는다. 우리는 감각을 다섯으로 구분해서 오감을 말한다. 이 오감으로 세상을 인식한다. 인식된 정보를 바탕으로 정신 활동인 생각이 일어난다. 의식은 이런 생각들을 보고 판단하고 어떻게 반응할지 행동을 결정한다. 이런 결정을 바탕으로 우리는 행동한다. 우리의 정신작용이 이렇게 일어난다고 배웠고 그렇게 배운 대로 믿고 살아간다.

반야심경은 이런 믿음에 의문을 던진다. "정말 수·상·행·식이 독립적으로 존재하며 실체가 따로 있는 것일까?" 우리가 배운 인식작용 과정의 구분은 삶에서 아주 유용한 개념이다. 이런 개념을 배척하자는 것이 아니다. 그렇게 구분한다고 배웠고 그렇게 구분하며 살아갈 수 있지만 찾는 이가 궁금한 것은 정말 그 구분에 실체가 있느냐 하는 것이다. 구분에 실체가 있다는 말은 '수·상·행·식'이 각각 실체가 따로 있다는 말이기 때문에 '나'의 실체도 있다는 답이 된다. 그런데 정말 실체가 있을까? 직접 살펴보라.

지금, 이 순간 감각은 어떻게 존재하는가? 인식 없이 감각이 존재할 수 있는가? 인식한다는 것과 생각을 구분할 수 있는가? 일어나는 생각과 의식이 구분되는가? 지금껏 배워온 것을 내려놓고 모든 기존의 믿음을 내려놓고 오직 지금, 이 순간에만 집중해서 살펴보라. 구분에 실체가 있는가, 아니면 구분하는 생각만 일어났다, 사라지는가? 명심하라, 우리는 '내용'을 살피는 것이 아니라 실체를 확인하는 것이다.

지금, 이 순간 실재하는 것이 무엇인가? 일어났다 사라지는 생각 외에 다른 것이 있는가? 어떤 구분이 보이든, 구분하는 생각이 일어났다 사라지는 것 외에 다른 것이 있는가? 실체가 있는 무엇이 느껴질 때, 그 또한 "실체가 느껴진다."라는 생각이 일어났다 사라지는 것 외에 다른 것이 있는가? '나'를 느낄 때 '나'라는 생각이 일어났다 사라지는 것 외에 다른 것이 있는가?

깊이 살펴보다 보면 '수상행식'의 공함이 보일 것이다. '수상행식'의 실체가 따로 없음이 보일 것이다. 그런데, 여전히 뭔가 의문이 남는다. '수상행식'은 따로 없는데 분명히 이 글을 읽고 있는 무언가가 있다. 다른 경전에서 이 무엇을 가리켜 스승은 '마음(心)'이라고 부르고 오직 마음만 있다는 뜻으로 '일체유심조(一切唯心造)'라고 했다. '색수상행식' 각각이 따로 실체가 있는 것이 아니라 나타나는 모든 것의 실체는 오직 '마음'이라는 말이다. 이것을 반야심경에서는 '관자재보살 행심반야바라밀다'라는 말로 표현한다. 이 부분은 마지막 장에서 다시 살펴본다.

舍利子 是諸法空相 不生不滅 不垢不淨
不增不減
사리자 시제법공상 불생불멸 불구부정
부증불감

사리자여, 세상에 나타나는 모든 현상이 공하기에 생겨나는 것
도 없고 사라지는 것도 없으며, 더러운 것도 없고 깨끗한 것도 없
으며, 늘어나는 것도 없고 줄어드는 것도 없느니라.

'색수상행식'의 공함을 말한 뒤, 스승은 한 걸음 내려와 찾는 이
가 직접 경험하는 세상의 현상을 가리키며 자세한 설명을 이어간
다. '색'도 공하고 '수상행식'도 공하니 세상에 나타나는 모든 현상
도 공할 수밖에 없다. 우리가 살아가며 경험하는 모든 현상은 공
하다. 새로 생겨나는 것도 사라지는 것도 없다. 그러니 늘어나는
일도 줄어드는 일도 없다. 또한, 깨끗하거나 더럽거나 하는 고유
의 가치도 없다.

是諸法空相
시제법공상

'시제법(是諸法)'은 세상을 가리킨다. 당신이 인식하는 세상의 모든 현상을 말한다. '공상(空相)'은 "공(空)한 모양(相)"이라는 말인데, 정해진 성질이 없다는 뜻이다. 상(相)은 모양에 한정된 말이 아니라 우리의 감각이나 측정 도구로 인식할 수 있는 모든 성질을 말한다. 시제(是諸)는 모든, 즉 예외가 없다는 말이다. 어떤 예외도 없이 세상의 모든 현상이 공하다는 말이다.

우리는 세상의 모든 것을 보며 각각 독립된 실체가 있다고 믿는다. 이 각각의 '것'들은 고유의 모양, 색깔, 소리, 향기, 맛, 감촉 등의 성질을 가지고 있다고 믿는다. 그리고 이 수많은 '것'들이 서로 영향을 주고받으며 정해진 법칙에 따라 정해진 결과를 가져온다고 믿는다. 하지만 반야심경은 '공상'이라며 정해진 것은 없다고 말한다.

우리는 사물에 정해진 고유의 값이 있다고 믿으며 서로 소통하고 일상을 살아간다. 저기 건물은 직사각형이라고 말한다. 내가 걸어가면서 올려다보는 저 건물은 전혀 직사각형으로 보이지 않지만 우리는 직사각형이라고 유추해서 이해하고 다른 사람과 그렇게 소통한다. 건물은 정면의 특정 시점에서 측정했을 때 직사각형이고 우리는 이렇게 측정된 모양으로 소통하기로 약속한 사실을 배워서 알고 있다. 이러한 약속들이 쌓여 지금의 문명이 있고 우리는 문명이 주는 일상을 누리며 살아간다. 이러한 일상에 익숙해진 우리는 그 약속이 정해진 진리라고 믿는다. 하나의 약속이 아니라 원래부터 있는 고유의 값이라고 믿는다. 하지만 이것은 약속일 뿐 고유의 값이 아니다. 주변을 돌아보라. 당신의 시점에 따라 모양은 계속 변한다. 당신의 시점과 사물의 모양은 따로 떼어 놓고 생각할 수 없다. 보는 시점 없이 어떻게 사물에 모양이 있을 수 있겠는가. 고유의 모양이란 없다. 이것은 다른 모든 감각도 마찬가지이다.

밖에 나가 길을 걸으며 살펴보라. 이 순간 있는 그대로의 세상을 살펴보라. 내가 인식하는 세상과 옆에서 걸어가는 반려견이 인식하는 세상은 다르다. 반려견 피부에 달라붙어 가는 벼룩이 인식하는 세상은 또 다르다. 그리고 저 길가에 들풀이 인식하는 세상은 또 어떨까.

정해진 고유의 세상은 없다. 당신이 눈을 떠 바라보는 순간 세상은 일어난다.

관측자가 측정할 때 파동함수가 붕괴하며
공이 색으로 나타난다.

'시제법공상'에서 한 가지 더 살펴볼 것이 있다. 현상에 적용되는 법칙이다. 정확히 말해서 현상의 패턴을 분석한 법칙이다. 모든 현상이 공한데, 법칙이 공하지 않을 수 있을까.

물건을 떨어뜨리면 땅으로 떨어진다. 우리는 여기에 만유인력인 중력이 작용한다고 설명한다. 실험상 모든 물체에 적용되는 것처럼 보이기에 만유인력의 '법칙'이라고 부른다. 우리는 이런 법칙에 뭔가 실체가 있다고 믿는다. 이런 믿음 때문에 아인슈타인은 기존의 법칙을 따르지 않는 양자역학의 해석에 반대하면서 "신은 주사위 놀이를 하지 않는다."라고 말했을지 모른다. 아인슈타인의 말처럼 우리는 이런 법칙에 실체가 있다는 믿음으로 신을 상상하기도 한다.

하지만 반야심경은 '시제법공상'이라며 "이런 법칙 또한 공하다."라고 선언한다. 아마 과학자들도 과학이 밝혀낸 모든 법칙이 공하다는 사실을 이미 알고 있을 것이다. 모든 법칙은 지금까지 보아온 현상의 패턴을 분석해서 찾은 규칙이다. 이런 규칙은 새로 발견된 환경 조건에 맞지 않으면 수정하고 보완하거나 새로운 환경에 적용되는 새로운 규칙을 따로 만든다.

절대적인 법칙이란 없다. 법칙이 있고 세상이 있는 것이 아니라 세상이 있고 그 세상을 해석하는 하나의 시점으로 법칙이 있는 것이다. 원래 정해진 법칙은 없다. 모든 법칙은 공하다.

不生不滅

불생불멸

오온이 공하다는 의미를 바로 알면 너무나 당연히 새로 나타나는 것도 없고, 새로 나타나는 것이 없기에 사라질 것도 없다.

당연히 나는 태어났고 죽을 것이다. 아기가 태어나는 것을 봤고 주변 사람이 죽는 것을 봤다. 새싹이 자라고 말라서 다시 흙으로 돌아가는 것을 보았다. 별이 새로 탄생하고 또 초신성 폭발로 사라지는 것을 알고 있다. 태어난 것은 죽는다는 사실을 안다. 하지만 이렇게 나고 죽는 일은 개체의 관점에서는 사실이다. 하지만 전체의 관점에서는 태어나는 것도 없고 죽는 것도 없다. 그저 형태가 바뀔 뿐이다.

바다 위 물결은 올라갔다 내려갔다 하며 밀려가는 움직임이다. 물결 하나를 골라서 마루만큼 올라갔다 골 만큼 내려가는 움직임을 하나의 물결이라고 정의하면 물결은 시작과 끝이 있다. 시작부터 끝까지의 삶의 기간도 있고 파고와 파장이라는 개별 값도 가진다. 하지만 바다에는 이런 정의가 따로 있지 않다. 물결은 그저 끊임없이 움직이고 이어진다. 바다의 물결에는 구분이 없다. 그러니 바다에는 새로 태어나는 물결도 사라지는 물결도 없다. 그저 살아 움직이는 바다만 있을 뿐이다.

不垢不淨

불구부정

모든 현상이 공하면 더럽거나(구, 垢) 깨끗하게(정, 淨) 보이는 가치도 공한 것은 당연하다. 깨끗하고 더러운 것도 움직임과 마찬가지로 하나의 시점이 있어야만 존재하는 가치다. 우리는 정해진 깨끗함과 더러움이 있다고 믿는다. 아름다움과 추함의 실체가 있다고 믿는다. 정의와 부정에 실체가 있다고 믿는다. 그래서 이런 가치가 특정한 대상에 내재한다고 믿는다. 선과 악의 실체가 있다고 믿으며 절대 선으로 '신'을 떠올리고 절대 악으로 '악마'를 떠올린다. 하지만 반야심경에서는 '불구부정'이라며 정해진 가치는 없다고 선언한다.

가치는 가치를 정하는 사람의 생각 속에 존재할 뿐이다. 가치는 사람의 시점에 따라 변한다. 우리에게 '선'이 저들에게는 '악'일 수 있다. 같은 사람의 시점도 시간이 지나면서 또 바뀐다. 좋았던 것이 나의 시점이 변하면서 나쁜 것이 되기도 한다. 시점 없이 가치도 없고, 또 정해진 시점도 없다. 그러니 대상이 가지는 고유한 가치는 있을 수 없다. 정해진 가치가 없기에 모든 가치는 공하다.

모든 가치는 대상이 아니라
순간 일어났다 사라지는 당신의 생각 속에 있다.

원인 또는 이유도 가치와 맥락을 같이 한다. 원인과 이유도 현상을 특정한 시점에서 해석하는 일이기 때문이다. 사람들은 연기(緣起) 또는 인연(因緣)이라는 개념과 함께 원인과 결과에 법칙이 있다는 인과법칙(因果法則)을 말한다. 어떤 일이 일어날 때 직접적이든 간접적이든 특정한 원인이 있다는 말이다. 직접 또는 간접적으로 어떤 '것'들이 어떤 '것'의 원인이 된다거나 어떤 '사건'들이 특정 '사건'의 원인이 된다는 믿음이다. 이것이 석가모니의 가리킴이라고 믿는다. 하지만 이것은 오해다. 분명 석가모니는 반야심경을 통해 '시제법공상', '불구부정'이라고 말한다. '연기(緣起)'는 반야심경의 핵심인 '관자재보살 행심반야바라밀다'와 말하고자 하는 내용이 다르지 않다. 분명 원인이 있고 결과가 있지만 특정한 원인은 따로 없다. 어떤 일이 일어나거나 어떤 것이 생겨나는 데는 세상 전체가 원인이 된다. 세상 어느 하나 없이 어느 것도 존재할 수 없다. 무엇 하나만 쏙 뺄 수가 없다. 모든 것은 각각 다른 모든 것에 의지해 존재한다. 이것이 '연기(緣起)'로 스승이 가리키고자 하는 바다.

하지만 사람들은 특정한 원인을 찾고 직접적인 원인과 간접적인 원인으로 나누어 말하는데, 이것은 우리의 한정된 인식으로 특정한 의도를 가지고 일어나는 현상을 해석하기에 그렇다. 사람들이 말하는 원인과 결과는 하나의 시점에서 보는 해석일 뿐 절대적인 것이 아니다.

정해진 원인이나 이유는 있을 수 없다. 직접 주위를 살펴보라. 가만히 따져보라. 모든 원인과 결과의 공함이 보이는가? 깊이 살펴 직접 이 사실에 눈뜨면 오해할 일이 없다.

不增不減
부증불감

현상이 공하니 늘어나거나 줄어드는 현상도 공하다. 늘어나고 줄어드는 것은 특정 대상을 하나의 시점에서 보기에 따라오는 해석이다. 하지만 전체를 보면 늘어나는 것도 줄어드는 것도 없다. 오직 변화만 있을 뿐이다. 이 변화마저도 시점이 있기에 인지되는 현상이다.

꿈의 비유

세상의 공함을 설명하는 데는 꿈의 비유만 한 것이 없다. 꿈의 비유는 세상의 공함을 좀 더 근본적으로 설명한다. 이 때문에 오래전부터 스승들은 세상을 꿈에 비유해 왔다.

무심코 돌을 휙 던졌다. 돌이 날아가 창문을 깼다. "와장창"하는 소리가 들리고 안에서 누군가 비명을 지른다. "아뿔싸!" 덜컥 겁이 나 정신없이 달려가 숨었다. 창문 밖으로 한 사람이 나와 누가 그랬냐고 고래고래 고함을 지른다. 안에서 아이 우는 소리가 들린다. "아이가 다쳤으면 어쩌지." 하는 걱정이 들면서 후회가 든다. 문득, 옆 담장에 핀 꽃이 눈에 들어온다. 꽃이 참 예쁘다. 그때 담장 아래 죽은 쥐가 보인다. 오래됐는지 구더기가 파먹고 있고 순간 고약한 냄새가 코를 찌른다. 너무 더러워 몸을 피했다. 갑자기 몸이 춥다. 닭살이 돋는 것이 보인다. 옷을 껴입고 또 껴입고 하는 데도 춥다. "왜 이렇게 춥지?" 생각하는데 눈이 떠진다. 꿈이다. 아직 밖이 까맣다. 새벽 5시가 좀 지났다. 창문이 살짝 열려 있다. 바람이 춥다. 창문을 닫고 다시 잠을 청한다.

꿈에서 본 세상은 분명 독립적인 개개의 '것'들로 이루어져 있다. 하지만 이 '것'들의 실체는 꿈이기에 모두 공하다. '색즉시공'이다.

꿈이 꿈속의 나와 다른 사람들, 돌, 창문, 쥐, 담장, 이 모든 '것'을 만들어 낸다. '공즉시색'이다.

꿈속에서 느끼는 나의 감정과 일어나는 생각들, 추위에 떠는 감각도 마찬가지로 실체는 꿈 그 자체다. '수상행식 역부여시'다.

꿈속에서 돌이 날아가 창문을 깨는 현상을 과학자는 뉴턴의 운동 법칙으로 설명할 것이다. 창문이 깨지는 원인은 돌의 운동량 때문이라고. 꿈속에서는 너무도 당연한 말이다. 하지만 꿈속에서 창문이 깨지는 원인은 돌이 아니라 꿈 그 자체다. 돌을 던지고 돌이 날아가는 현상도, 창문이 깨지는 현상도, 눈에 보이는 모든 현상도, 귀에 들리는 모든 소리도, 몸에서 느껴지는 모든 감각도, 꿈속에서 일어나는 모든 현상의 실체는 꿈 그 자체다. '시제법 공상'이다.

꿈속에서 태어난 아기도 죽은 쥐도 다 실체는 꿈이기에 태어나는 것도 죽는 것도 실체가 따로 없다. '불생불멸'이다.

꿈속의 꽃이 예쁜 것도 죽은 쥐가 더러운 것도 꿈속에 일어나는 생각일 뿐 실체가 따로 없다. '불구부정'이다.

꿈속에 수많은 '것'들이 나타나고 사라지지만 꿈에는 더해지는

반야심경의 비밀

것도 덜어지는 것도 없다. '부증불감'이다.

이렇게 꿈속의 모든 것이 공함을 바로 보게 되는 일이 '조견오온개공'이다. 그러면 꿈속의 어떤 믿음에도 집착이 없다. '도일체고액'이다.

마침내 나와 세상의 실체를 보게 되고 나와 세상의 실체가 둘이 아님을 깨닫는다. '관자재보살 행심반야바라밀다'가 가리키는 바에 눈뜬다. 더는 어떤 의문도 없다.

꿈의 내용이 아니라 꿈의 실체를 보라.
지금 여기 실재하는 실체를 보라.

누군가에게는 이것으로 설명이 충분할지 모른다. 하지만 대부분은 여전히 의문이 남는다. 아직 무슨 말을 하는지 잘 이해가 가지 않는 이도 많다. 이런 이들을 위해 좀 더 쉽고 자세히 예를 들어 설명해야 한다. 반야심경의 다음부터 오는 '시고 공중무색'부터 '무의식계'까지의 내용은 앞 두 줄의 내용을 조금 더 자세히 설명한다.

是故 空中無色 無受想行識
시고 공중무색 무수상행식

이렇게 공하기에 물질도 실체가 따로 없고 감각과 인식과 생각과 의식도 실체가 따로 없느니라.

'시고(是故)'는 "그러하기에"라는 뜻이다. 앞 두 줄의 내용이 그러하기에 이제부터 '공하다'는 말이 무슨 뜻인지 '무(無, 없다)'라는 말로 좀 더 자세한 설명을 이어 나간다.

모든 것이 공하니 '색'도 없고 '수상행식'도 없다 한다. 우리는 일상에서 많은 것을 구분하며 살아가는데, 다 없다고 말하니 도대체 무슨 말을 하는지 이해하기 힘들다. 그래서 반야심경의 말을 이해하려면 '무(無)'의 뜻을 바로 알아야 한다.

無
무

'무(無)'는 "없다"라는 말이다. 하지만 그냥 없다는 것이 아니라 실체가 따로 없다는 말이다. 앞에 물잔이 있다. 하지만 물잔이 독립적으로 존재하는 실체가 있는 무엇이 아니라는 말이다. 내가 물잔을 보고 물잔을 잡고 물잔을 들어 그 속의 물을 마시지만, 물잔이 그 자체로 독립적으로 존재하는 실체가 있는 '것'이 아니라는 말이다.

대상과 대상을 바라보는 '나'는 따로 존재하지 않는다. '나'를 포함한 모든 존재의 본질을 가리키기 위해 '존재'에 관한 우리의 믿음을 부정하는 말이 '무(無)'다.

無色
무색

세상의 모든 것은 원자들로 이루어져 있다. 과학자들은 이 원자 안에서 독립적으로 존재하는 어떤 '것'도 찾아내지 못했다. 찾아낸 것은 오직 상호 작용하는 현상들뿐이다. 이런 모든 현상은 '움직임'이다. 세상 모든 '것'의 근원은 움직임이다.

움직임은 보는 자와 보이는 대상이 있어야 존재한다. 아무것도 없는 우주에 홀로 있다면 자신이 움직이는지 알 수 없다. 움직임은 상대적이다. 모든 움직임은 관찰자의 시점을 전제로 한다. 움직임과 관찰자는 따로 존재할 수 없다. 세상에 존재하는 모든 것은 움직임이다. 세상을 바라보는 당신의 시점을 전제로 한다. 시점 없이 어떤 것도 존재할 수 없다. 그래서 우리는 세상의 모든 '것'은 실체가 따로 없다고 말할 수 있다.

실체가 따로 있기에 독립적으로 존재한다고 말할 수 있는 어떤 '것'이라는 '색(色)'은 없다. '무색(無色)'이다.

이렇게 설명을 들으면 알 것 같다가도 전혀 모르겠다는 생각이 들 수 있다. 머리로 이해할 수 있는 지식이 아니기 때문이다. 한 걸음 더 들어가면 더 어지럽다. 보이는 모든 것뿐 아니라 보는 나의 몸도 결국 하나의 '색(色)'이기 때문이다. 대상을 보는 자 또한 하나의 대상이다. 세상의 색들이 서로 얽히고설켜 세상을 이룬다. 여기 존재의 미묘함이 있다. '관자재보살 행심반야바라밀다'가 가리키는 미묘함이다.

無受想行識
무수상행식

'무수상행식(無受想行識)'은 사물을 감각으로 받아들여 해석하고 인식하는 이 과정 자체가 공하다는 말이다. '과정'이라고 부를 것이 없다는 말이다. 독립된 사물(색, 色)이 따로 있고, 사물에서 나오는 정보를 받아들이는 감각(수, 受)이 따로 있고, 감각 기관에서 보내오는 신호를 해석하는 인식(상, 想)이 따로 있고, 이 인식을 해석하는 생각(행, 行)이 따로 있고, 이 생각을 하는 의식(식, 識)이 따로 있어야만 과정이라고 말할 수 있다. 그런데 '수·상·행·식'이 각각 따로 실체가 있는가?

가끔 방에 개미가 돌아다니는 것을 보면 좀 전까지만 해도 가렵지가 않았는데 몸이 가려운 것을 느낀다. 가만히 눈을 감고 집중해보면 정말 개미가 내 몸을 기어가는 것 같다. 분명 팔에 개미가 기어가는 것 같아 눈을 뜨고 확인해 보면 없다. 감각과 인식의 실체가 따로 있다면 어떻게 이런 일이 일어날까.

우리는 마음을 다스리고 싶다. 괴로운 생각이 들 때면 더 그렇다. 마음을 다스린다는 것은 '내'가 내 '마음'을 다스린다는 개념이다. 여기에는 '나'와 '마음'이 따로 있다는 믿음이 깔려있다. 여기서 '나'는 '의식(식, 識)'이고 '마음'은 일어나는 괴로운 '생각(행, 行)'들이다. 하지만 의식은 실체가 따로 없다. 의식은 하나의 개념이다. 일어났다 사라지는 하나의 생각이다. 가만히 살펴보라. 일어났다 사라지는 '생각' 외에 다른 것이 있는가? 의식이라 이름 붙이던, 감정이라 이름 붙이던, 마음, 인식, 생각, 의지, 어떤 이름을 붙이던 현상에 붙이는 하나의 이름에 불과할 뿐이지 실체는 따로 없다.

우리는 편의상 '수상행식'을 나누어 말하지만, 실체의 관점에서 보면 이들을 각각 나누는 것은 불가능하다. 가만히 깊이 들여다보라. 어디서부터 어디까지가 감각이고, 어디서부터 어디까지가 인식이고, 생각이고, 의식인지 구분이 있는가? 구분되는 실체가 있는가? 아니면 구분하는 생각만 일어났다 사라질 뿐인가? 깊이 살펴 스스로 알아차리면 더는 의문이 없다.

마음을 다스리고자 하는 그 마음은 마음이 아닌가?

空中無色 無受想行識
공중무색 무수상행식

'공중무색 무수상행식'은 '공하다'는 말의 뜻을 설명한다. '공하다'는 '색'도 따로 없고 '수상행식'도 따로 없다는 뜻이다.

우리는 '나'와 '세상'은 분명 따로 존재한다고 굳게 믿는다. 아니, 믿는 것이 아니라 의심조차 없다. 그런데 반야심경은 느닷없이 공한 가운데 '나'도, '세상'도 실체가 따로 없다 한다. 이 말은 '나'와 '세상'을 구분 짓는 경계가 없다는 말과 같다. '나'도 '세상'도 실체가 따로 없는데 어디 경계를 논하고 말고가 있을까.

'나'와 '세상'은 둘이 아니다. 지금 이 글을 읽고 있는 당신에게 보이는 세상은 당신의 시점이 있기에 나타날 수 있다. 당신이라는 관찰자가 보기에 파동함수가 붕괴하면서 세상으로 나타난다. 당신이 시점을 옮기면 모양은 변한다. 같은 모양이라는 생각만 있을 뿐 지금 눈에 보이는 모양은 그 순간에만 당신에게 존재한다. 당신의 시점과 보이는 '것'은 따로 존재할 수 없다. '나'와 '대상'은 둘이 아니다.

주어와 목적어는 둘이 아니다. 우리는 "내가 달을 본다."라고 말한다. 하지만 좀 더 정확히 말하면 "내가 달을 보는 일이 일어난다."라고 말해야 한다. '본다'라는 동사는 '나'와 '달'을 포함한다.

'나'와 '달'과 '본다'는 따로 떨어져 있을 수 없다. 실체가 따로 없다. 하나의 '일어남(Happening)'이다.

하나의 일어남은 다른 수많은 일어남 때문에 일어난다. 보이는 저 '달'이 저기 있으려면 수많은 다른 일어남이 있어야 한다. 달을 보는 내가 여기 있기 위해서도 수많은 다른 일어남이 있어야 한다. 또, 그 다른 일어남은 각각 또 다른 수많은 '일어남'으로 엮인다. 이렇게 보면 하나의 일어남은 세상 전체의 일어남과 얽혀있다. 어느 하나 따로 떼어놓을 수 없다. 그래서 세상은 전체로 하나의 일어남이다.

겉으로 보이는 세상에는 구분이 있고 우리는 이러한 구분 없이 하루하루를 살아갈 수 없다. 하지만 깊이깊이 존재의 바닥을 들여다보면, '마하반야바라밀다'의 수준으로 내려가서 살펴보면, 어디에도 구분은 없다. 구분은 구분하는 우리의 생각 속에 있다. 순간 일어났다 사라지는 생각이다.

無眼耳鼻舌身意 無色聲香味觸法 無眼界
乃至 無意識界
무안이비설신의 무색성향미촉법 무안계
내지 무의식계

눈과 귀와 코와 혀와 몸과 의식도 실체가 따로 없으며 색깔과 소리와 향기와 맛과 감촉과 그 현상도 실체가 따로 없기에 본다는 것과 본 것을 의식한다는 것 사이에는 어떤 구분도 없느니라.

여기서는 한 걸음 더 내려와 앞의 내용 '공중무색 무수상행식'을 구체적으로 설명한다. '안의비설신의'는 사물을 인식하는 과정에 관련되어 있다고 믿는 감각 기관들과 두뇌다. 우리는 이들이 각각 독립적으로 존재하며 실체가 있다고 믿지만, 반야심경은 그렇지 않다고 말한다. 나아가, 사물을 인식하게끔 정보를 전달해 주는 매개체인 '색성향미촉법'도 실체가 따로 없다고 말한다. 그리고 사물이 인식될 때 독립적으로 존재한다고 믿는 하나하나의 과정에 어떤 경계(계, 界)도 없다고 말한다. 과정을 구분해 주는 '안의비설신의, 색성향미촉법'도 각각 실체가 따로 없으니 과정 자체에 경계가 있을 수는 없다.

'오온개공'부터 여기까지의 모든 내용은 '나'를 포함한 세상 모든 '것'의 공함을 점차 상세히 일관되게 설명한다.

우리는 물체를 경험한다. 물체를 보고(안, 眼) 듣고(이, 耳) 냄새 맡고(비, 鼻) 또 맛보고(설, 舌) 만져보며(신, 身) 인식하고(의, 意) 그 물체가 독립된 하나의 개체로 존재한다고 믿는다. 그리고 이렇게 인식하는 '나'도 하나의 개체로 존재한다고 믿는다. 그래서 인식 되는 물체에 고유의 색깔(색, 色)이 있고 소리(성, 聲)가 있고 향기 (향, 香)가 있고 맛(미, 味)이 있고 감촉(촉, 觸)이 있다고 믿는다. 그 리고 우리가 경험하는 이런 현상이 특정한 법칙(법, 法)을 따른다 고 믿는다.

나라는 독립된 개체가 저 물건이라는 독립된 개체를 본다. 눈 이라는 감각 기관으로 색깔을 포함한 시각 정보를 물체에 반사되 는 빛을 통해서 얻고, 이 정보를 시신경이 두뇌로 전달해서 두뇌 가 그 정보를 경험에 비추어 해석하며 형상을 그려내고, 우리 안 에 있는 의식이 이를 인식하면서 우리는 그 물체를 인식한다고 생각한다. 이렇게 우리는 과학자들이 알려준 대로 본다는 현상을 이해하고 믿는다. 그런데 이것이 정말 사실일까? 우리가 사회생 활 속에서 사람들과 대화를 나누며 "이것이 사실일까?"라고 묻는 것이 아니다. 정말 깊이깊이 진실로 '마하반야바라밀다'라는 진실 의 바닥에 닿기를 간절히 바라면서 "이것이 사실일까?"라고 묻는다면, 반야심경은 이것은 사실이 아니라고 분명히 답한다.

반야심경은 물체가 공하다고 말한다. 실체가 따로 없다는 말이다. 나아가 이 물체를 경험하는 감각들의 실체도 따로 없다고 말한다. 또한, 우리가 감각으로 경험하며 실체가 있다고 믿는 물체의 색깔과 소리와 향기와 맛과 감촉이 모두 실체가 따로 없다고 말한다. 이 모두가 따로 실체가 없으니 본다는 현상에 어떤 구분도 있을 수가 없다. '무안계 내지 무의식계'다.

반야심경은 "오온개공"부터 시작해 같은 말을 몇 번이고 반복한다. 조금씩 다르게 좀 더 구체적으로 여러 번을 반복하지만 결국 말하고자 하는 내용은 같다.

대부분 처음에는 이런 내용을 받아들이기가 참 쉽지 않다. 누군가에게는 헛소리로 들릴지도 모른다. 또 누군가에게는 충격적인 이야기가 될지도 모른다. 충격은 좋다. 충격은 기존의 상식에 금을 가게 만든다.

누군가에게는 반야심경의 내용이 어렵게 느껴질 것이다. 이것은 내용 자체가 어려워서가 아니다. 아직 익숙하지 않아서 그렇다. 기존에 듣고 배워서 알아 온 상식과 너무 달라서 낯설기 때문이다. 이 때문에 찾는 이가 익숙해지도록 반야심경은 반복해서 설명한다. 심지어 그리 길지도 않는 반야심경의 핵심을 요약해서 쉽게 반복하며 되뇔 수 있는 주문도 남겨둔다. 기존의 믿음을 넘어서는 데는 반복만큼 좋은 것이 없기 때문이다.

진실로 진실로 지금, 이 순간 여기 존재하는 것이 뭘까?

찾는 이가 아무리 받아들이고 이해한다고 해도 결국 하나는 남겨둔다. '나'다. '안이비설신의'든, '색성향미촉법'이든, '안계'든, '무의식계'든, '색'이든, '수상행식'이든, 이들이 다 공하다는 것을 받아들여도, 세상에 대한 이해를 완전히 갈아엎어도, 엄청난 수준의 깨우침이 일어나도, 여전히 '공'함을 받아들이지 못하는 마지막 장벽이 '나'다.

'안이비설신의'가 실체가 따로 없음을 알고 '색성향미촉법'의 실체가 따로 없음을 알고 어디에도 경계가 없음을 알고 받아들여도, 여전히 "'내'가 인식한다."라는 믿음은 다시 돌아온다. "나는 관세음보살이다."라는 말에 깊이 공감하고 반야심경을 다 이해해도 결국 "'내'가 관세음보살이다."로 돌아온다. 이때는 '나'라는 실체가 따로 없기에 오직 '관세음보살'만 있다는 "나는 관세음보살이다."의 뜻이 아니다. "'나'라는 독립된 이 실체가 세상 대단한 저 관세음보살이다."라는 뜻으로 바뀌어 있다. 스승의 가리킴을 정반대로 뒤집어버린다. 이 부분이 '고액(苦厄)'의 핵심이다. 가장 큰 어려움이다. 싯다르타가 넘어야 했던 마지막 관문이다.

'관세음보살'을 만나려면 오온이 공함을 알아야 한다. '모두'가 공함을 알아야 한다. 그래야 일체고액을 넘어 관세음보살을 만난다. 이때의 '모두'는 말 그대로 모두다. 어떤 예외도 없다.

무지개의 비유

　지금까지 반야심경의 내용을 간단히 표현하는 말이 하나 있다. '무상(無常)'이다. 무상을 통해서 조금 다른 각도에서 내용을 들여다보면 반야심경을 이해하는 데 도움이 된다.

　'무상(無常)'은 지금, 이 순간 세상 모든 것의 실체를 가리키는 스승의 가리킴이다. 이 글을 읽는 당신도 예외가 아니다. 우리는 '나'와 세상의 모든 것이 각자 독립된 하나의 개체라는 의미로 '상(常)'이 있다고 믿는데, 무상은 "그런 상(常)은 없다."라며 그 믿음을 부정하는 말이다. 무상의 의미를 바로 알면 반야심경의 핵심을 이해할 수 있다. 진리라고 일컫는 세상과 '나'의 실체를 바로 알 수 있다.

　무상(無常)은 불교에서 제행무상(諸行無常)이라고 하는데, 제법무아(諸法無我)와 일체개고(一切皆苦)를 포함해서 삼법인(三法印)이라 부른다.
　제행무상에서 제행(諸行)은 세상 모든 '것'을 가리키는 말이다.

제행무상은 세상 모든 것이 무상하다는 말이다. 사람들은 제행무상을 보통 다음과 같이 풀이한다. "세상 모든 것은 매 순간 끊임없이 변하며 같은 상태에 머무르지 않기에 모든 것은 마치 꿈이나 환영처럼 실체가 없으며, 항상불변(恒常不變) 한 것은 단 하나도 존재하지 않는다." 맞는 말이다. 모든 것이 변한다는 말은 보통 사람들도 받아들이기 쉬운 말이다. 주변의 모든 것이 변해가는 것을 늘 보며 살기 때문이다. 하지만 이런 풀이는 보통 사람들이 이해하기 쉽게 시간 개념을 가져와 풀어 설명한 말이기에 스승이 가리키고자 하는 본뜻을 온전히 담아내지 못한다. 그래서 찾는 이는 여전히 의문이 남는다. "그러면 이 순간, 변하는 이 '것'의 실체는 뭔가?"라는 의문과 "그것들을 바라보는 '나'의 실체는 무엇인가?"라는 의문이다. 사실, 무상은 이 두 의문에 대한 답이다.

무상에 담긴 가리킴을 바로 이해하려면 찾는 이는 세상의 상식을 거슬러 가야 한다. 세상의 상식을 넘어 진정 스승이 가리키고자 한 것이 무엇인지 알아보자. 어려울 것 없다. 그저 무지개가 어떻게 생기는지만 알면 그만이다. 저기 예쁘게 활짝 펼쳐있는 무지개가 제행무상의 의미를, 나아가 제법무아의 의미를 가리키고 있다.

무지개

　어릴 적 무지개를 보면 참 예쁘다는 생각과 함께 저 무지개를 가까이서 자세히 보고 만져도 보고 싶다는 생각이 들었다. 무지개가 사라지기 전에 저 무지개가 시작하는 곳에 빨리 갈 수만 있다면 무지개를 만져보고 무지개를 밟고 올라가 볼 수도 있을 것만 같았다. 운이 좋게 무지개가 시작하는 곳에 있는 사람은 무지개를 직접 만져 봤을 것 같아 부러웠다.

　아마 오랜 세월 많은 사람이 비슷한 생각을 했나 보다. 그래서 우리나라에는 선녀들이 깊은 산속 물 맑은 계곡에서 목욕하기 위해 무지개를 타고 지상으로 내려온다는 전설이 있고, 중국의 한 지역 사람들은 연못의 물을 하늘이 빨아들이면서 무지개가 생긴다고 믿기도 했고, 말레이반도 원주민들은 무지개를 하늘에서 물을 마시러 내려온 거대한 뱀으로 믿었다고 한다. 그리스 신화에는 무지개를 인격화 한 신 이리스(Iris)가 등장하는데, 이리스가 여러 신의 메신저 역할도 하고 신들이 중요한 서약을 할 때 강에서 물을 나르는 일을 한다고 말한다.

　이런 무지개에 관한 이야기들에서 나타나는 사람들의 믿음은 무지개가 하나의 물리적 개체라는 생각이다. 눈에 선명하게 보이기에 직접 만져 볼 수 있고 밟고 지나갈 수 있는 다리 같은 어떤 '것'이라는 믿음이다. 즉, 무지개가 하나의 '상(常)'이라는 믿음이다.

과학이 발달한 요즘, 사람들은 빛의 굴절과 반사 현상을 이해하기에 더는 무지개를 하나의 사물이라고 생각하지 않는다. 학교에서 프리즘을 들고 실험해보며 빛의 굴절 현상을 배우기에 다들 무지개가 어떻게 생기는지 안다.

무지개의 설명을 요약해보면 이렇다. "무지개는 공기 중에 떠 있는 수많은 물방울에 햇빛이나 달빛이 닿아 물방울 안에서 굴절과 반사가 일어날 때, 물방울이 프리즘과 같은 작용을 하여 빛이 분산되어 나타나는 현상이다. 태양과 관측자를 연결하는 선을 연장한 방향을 중심으로 시반경 40~42°로 나타나며, 안쪽이 보라색, 바깥쪽이 빨간색으로 배열된 햇빛 스펙트럼이다."

무지개는 빛이 굴절되는 특정한 각도 부분에 서 있는 사람들에게만 보이기에 내가 보는 저 무지개는 그 시작과 끝에 있는 사람에게는 존재하지 않는다.

무지개는 분명 존재한다. 하지만 무지개는 빛과 물방울, 그리고 그 순간 특정 장소에서 굴절되어 나오는 빛의 스펙트럼을 볼 수 있는 사람이 같이 있을 때 일어나는 하나의 '현상'이다.

우리는 무지개가 하나의 현상이지 어떤 '것'이 아니라는 사실을 잘 안다. 누가 무지개를 빨리 뛰어가면 잡을 수 있을지 모른다고 말하면, 웃긴 사람으로 생각하거나 진지해 보이면 아마 이상한 사람 취급할지도 모른다. 물론 어린아이라면 귀엽게 봐줄 거다.

무지개는 현상이지 독립적으로 존재하는 하나의 개체가 아니다. 무지개는 그 순간의 현상, '일어남'이다. 빛과 물방울들과 굴절과 반사 현상과 굴절에 따라 달라지는 색을 보고 인지하는 사람과 함께 일어나는 하나의 현상이다. 독립적으로 존재하며 자신만의 고유한 성질을 갖는 어떤 '것'이 아니기에 무지개는 '무상'하다고 말할 수 있다.

무상(無常)

세상 모든 것이 다 이런 무지개와 같다고 말하는 스승의 가리킴이 바로 '제행무상'이다. 우리가 독립된 하나의 개체로 경험되기에 그렇다고 믿는 우리 주변의 모든 것이 그 실체를 깊이 살펴보면 무지개와 같이 다른 것들의 반영으로 일어나는 현상이지, 그 자체로 변하지 않는 고유의 성질을 가진 개체가 아니라는 말이다. '것'의 실체는 '현상'이라는 말이다. '색즉시공(色不異空)'과 같은 말이다. '색(제행)'의 실체는 '공하다(무상)'는 말이다.

어떤 '것'이든 홀로 존재하는 것은 없다. '것'의 실체는 주변 다른 것들의 반영이다. 또 그 다른 것들도 각각 다 그렇다. 이렇게 꼬리에 꼬리를 물고 나아가기에, 하나의 '것'은 세상 모든 것의 반영이라고 말할 수 있다. 모든 것이 각각 다른 모든 것의 반영이다. 그래서 세상 모든 것은 각각 따로 떼어놓고 말할 수 없고 각자의 존재를 따로 말할 수도 없다. 이 때문에 석가모니는 "이것이 있으므로 저것이 있고, 이것이 일어나기 때문에 저것이 일어난다."라고 말했고 이 가리킴을 '연기(緣起)'라고들 부른다.

제행무상에서 이 '제행'을 모든 '것', 즉 사물(개체)을 말한다고 설명했지만, 사물 대신 사건으로 풀이해도 된다. 하나의 사건은 주위 다른 모든 사건에 영향을 받고, 그 다른 모든 사건 하나하나는 또 주위 다른 모든 사건에 영향을 받아 일어나고 있다. 이것이 세상 전체로 확장되면 하나의 사건은 세상 모든 사건의 반영임을 어렵지 않게 눈치챌 수 있다. 사물로 제행무상을 이해하기 어려울 때 사건의 연관성으로 제행무상을 이해하면 좀 더 쉽게 이해할 수 있다. 이 때문에 대중에게는 연기나 인연처럼 제행무상의 설명이 사물보다는 사건의 인과관계로 풀은 설명이 더 널리 알려져 있다.

그런데 가만 보면 사물과 사건은 다른 말이 아니다. 사물의 실체는 하나의 현상, 즉 하나의 사건이기 때문이다.

무아(無我)

무지개를 생각하며 세상을 살펴보다 보면 제행무상의 뜻이 깊이 다가올 것이다. 열정적인 찾는 이들은 어렵지 않게 세상의 무상함을, 공함을 이해한다. 하지만 대부분 처음에는 의도하든 의도하지 않든 세상 모든 것에서 '나'는 쏙 빼고 예외로 둔다. 세상은 무상하지만, 그 세상을 바라보는 '나'는 여전히 어떤 '상'을 가지고 있을지 모른다는 믿음을 내려놓지 못한다.

세상의 무상함을 이해하지만 '나'의 무상함은 받아들이지 못하는 찾는 이가 스승에게 도움을 구할 때, 스승은 제행무상의 방향을 틀어 찾는 이에게 말한다. "너 또한 제행의 일부이기에 무상하니라." '제행무상'을 돌려서 찾는 이를 직접 가리키는 가리킴이 '제법무아(諸法無我)'다. '나' 또한 예외 없이 무상하다는 말이다. '나'라고 할 '상'이 없다는 말이다. 이렇게 우리가 가진 '나'에 대한 믿음을 부정하는 말이 바로 '무아(無我)'다. '나' 또한 모든 것의 반영이라는 말이다. '나'라고 할 것이 따로 없다는 말이다.

'나'는 하나의 현상이다. 하나의 일어남이다. 세상 모두를 반영하며 일어나는 '나'다. 그래서 급기야 "세상이 나다."라고 말할 수 있다. 세상과 나 사이에는 어떤 구분도 없다. 겉으로는 다른 사람들과 사물들과 구분되어 독립된 나로 경험되지만, 가만히 살펴보면 그 실체는 그렇지 않다는 말이다. 무지개가 독립된 하나의 개체로 보이지만 그 실체는 다른 모두를 반영하는 현상인 것처럼 나 또한 그렇다는 말이다.

고(苦)

찾는 이가 제행무상과 제법무아를 이해하려 할 때 기존의 오해나 믿음 때문에 부딪히는 모든 장애를 일컫는 말이 '일체개고(一切皆苦)'다. 제행무상과 제법무아 같은 스승의 가리킴을 도구 삼아 오해와 믿음을 하나씩 살펴보며 내려놓는 과정이 찾음이다. 이 모든 오해와 믿음인 '일체개고'를 넘어 스승이 가리키는 진리를 바로 보는 일이 반야심경에 나오는 '도일체고액'의 뜻이다. 모든 어려움을 넘어서 바로 지금 여기, 있는 그대로의 진리에 눈을 뜨는 일이다.

반야는 너무나 간단하다. 그저 무지개가 현상이라는 사실을 이해하고 세상과 나를 살펴서 그 실체가 무지개와 다르지 않다는 사실을 알면 된다. 그뿐이다.

5장

찾음의 본질

지금까지 이어진 내용은 반야심경이 전하고자 하는 '반야바라밀다'의 핵심을 설명한 내용이고, 다음부터 나오는 내용은 그런 '반야바라밀다'를 찾고 있는 이에게 찾음의 본질을 이야기하는 내용이다. 찾는 이가 어떤 믿음으로 찾고 있는지를 아는 스승은 그 믿음을 하나씩 들추며 부정한다. 찾는 이는 반야를 얻으면 자신이 극복하고 싶은 다양한 삶의 문제를 해결할 수 있다고 믿는다. 하지만 이것은 오해다. 반야를 통해서 찾는 이가 얻을 것은 없다. 드러나는 있는 그대로의 진리는 삶의 문제를 해결해주는 수단이 아니다.

　　찾음은 수단이 아니다. 찾음은 모든 바람을 내려놓고 오직 있는 그대로의 진리가 드러나기를 바라며 나아가는 과정이다. 이것이 찾음의 본질이다.

　　모든 바람을 내려놓아야 한다. 궁극에 가서는 있는 그대로의 진리가 드러나기를 바라는 이 바람마저도 내려놓아야 한다.

무엇을 찾고자 하는가?
있는 그대로의 진리인가, 당신의 바람을 채워줄 수단인가?

無無明 亦無無明盡 乃至 無老死 亦無老死盡
무무명 역무무명진 내지 무노사 역무노사진

이런 사실을 모른다고 해서 달라지는 것도 없고 안다고 해서 달라지는 것도 없으며, 심지어 늙고 죽는 것이 없기에 늙고 죽는 것에서 벗어나는 일도 없느니라.

공을 설명하다 왜 갑자기 이런 말을 할까? 좀 뜬금없다고 느껴질 수 있는 이 말을 하는 까닭은 찾는 이에게 찾음의 본질을 말하려 하기 때문이다. 찾음의 본질을 바로 알아야 앞에서 설명한 오온의 공함을 바로 이해해서 '관자재보살 행심반야바라밀다'에 직접 눈을 뜰 수 있기 때문이다.

진정 찾고자 하면 찾아진다.
엉뚱한 것을 찾기에 찾음이 끝나지 않는다.

반야심경의 비밀

無明

무명

'무명(無明)'은 산스크리트어 '아비드야(Avidyā, अविद्या)'의 번역으로 "뭔가를 모른다."라는 뜻이다. 사람들이 생각하는 '뭔가'는 깨달음으로 얻을 수 있다고 믿는 지혜다. '나'의 바람을 이루어 줄 지혜다. 무명은 이런 지혜를 모르는 상태이기에 사람들은 무명에서 벗어나야 한다고 믿는다.

사람들은 깨달음으로 지혜를 얻어 괴로움이 가득한 이 세상을 벗어나 윤회를 멈추고 마음의 평화가 지속하는 극락에서 영원히 사는 열반을 꿈꾼다. 이런 세상 최고의 목표인 열반을 '내'가 얻기 위해서 수행을 해야 한다고 믿는다. 이런 믿음으로 명상하고 반야심경을 독송하고 절을 하고 고행을 하고 여러 다양한 수행을 한다. 이생이 아니면 다음 생, 수백, 수천의 생을 수행해서라도 무명을 없애야 한다고 믿는다.

사람들은 무명에 온갖 좋지 않은 뜻을 갖다 붙여왔다. 나쁜 건 다 무명 탓이다. 그래서 부처의 가르침으로 이 무명에서 벗어나야 한다고 믿는다. 이 무명에서 벗어나면 삶의 모든 괴로움에서 벗어나는 부처가 된다고 믿는다. 부처가 아니면 다 무명에 빠진 중생이다. 중생은 윤회를 계속하며 영원히 온갖 고통을 받아야 한다. 사람으로 계속 산다는 보장도 없다. 자칫 잘못하면 온갖 무서운 지옥에 빠져 말도 안 되게 오랜 세월을 상상도 못 할 고통을 받아야 한다. 생각만 해도 끔찍하다. 이렇게 중생은 벗어나야 할 상태이고 구제해야 하는 대상이다. 그래서 부처나 보살처럼 신과 같은 존재는 이 중생들을 불쌍히 여기고 구제해야 한다. 또한, 중생들은 무명에서 벗어나기 위해 부처와 보살을 숭배해야 하고 그들의 가르침을 전하거나 매개하는 승려들의 가르침을 따라야 한다. 이것이 일반적인 믿음이다.

그런데 이 믿음이 사실일까? 반야심경은 사람들의 이런 믿음을 거슬러 명확히 "무명 따위는 없다. (무무명)"라고 답한다. "무명이 없으니 무명에서 벗어나는 일도 없다. (역무무명진)"라고 선언하며 찾는 이에게 그런 믿음은 내려놓으라고 말한다.

無無明 亦無無明盡
무무명 역무무명진

석가모니가 살아서 법을 설하고 있을 당시에도 찾아오는 수많은 찾는 이들이 "뭔가 얻을 것이 없을까?" 하는 믿음을 가지고 와서 물었을 것이다. 예나 지금이나 찾아와 묻는 사람들 대부분이

'뭔가를 어떻게 얻어야 하는지'를 스승에게 묻는다. 석가모니는 명확하게 이 믿음에 답했을 것이다. "이런 거 알아서 네가 얻는 것은 아무것도 없다."라고. 이 답이 반야심경에 잘 정리되어 있다.

반야심경은 "반야라는 지혜를 모르는 세상 모든 중생과 동물들과 식물들과 광물들과 다른 모든 물질까지도 이 지혜를 모른다고 해서 다를 것 하나 없다."라고 말한다. 이것이 '무무명'의 뜻이다. 거꾸로, "반야의 지혜에 눈을 환히 떠 부처가 되어도 다를 것 하나 없다."라고 말한다. 이것이 '역무무명진'의 뜻이다.

이미 있는 그대로인데 뭐 바뀔 게 있겠는가? 이미 있는 그대로라는 사실을 알 뿐이다. 뭔가를 깨달아 뭔가를 얻고자 하는 찾는 이들에게 석가모니는 지혜를 모른다고 문제 될 것도, 안다고 달라질 것도 없다고 말하며 찾는 이에게 자신의 환상을 바로 보라고 가리킨다.

부처도 없고 중생도 없다.

깨달음도 없고 깨닫는 방법도 없다.

본디 찾음은 허상이다.

부처는 이 사실을 알 뿐이고

중생은 이 사실을 모를 뿐이다.

乃至 無老死 亦無老死盡
내지 무노사 역무노사진

반야심경은 한 걸음 더 나아가 깨달음으로 열반을 기대하는 이들에게 말한다. "늙어 죽는다는 게 없기에 늙어 죽는 것을 벗어나는 열반 같은 것도 없다."라고 분명히 말한다. 여기 어디 '환생'이나 '열반'의 믿음을 갖다 붙일 수가 있겠는가. 여기 어디 '중생'과 '지옥'의 믿음을 갖다 붙일 수 있겠는가.

'나'를 몸과 동일시하면 늙고 죽는 일이 있다. 늙고 죽으면 '나'의 소멸을 뜻하니 두렵다. 그래서 '영혼'이라는 개념으로 죽음을 극복하려 한다. 영혼이 반복해서 다시 태어나는 환생의 개념으로 늙고 죽는 일에서 벗어나고 싶다. 극복할 수 없어 보이는 삶의 고통을 겪을 때면 다음 생을 생각하며 견딘다. 우리는 이것을 '희망'이라 부른다. 스승은 이런 희망을 빼앗을 의도가 전혀 없다. '영혼'이니 '환생'이니 '열반'이니 하는 개념은 고통에서 벗어나고픈 마음의 표현이다. 그래서 스승은 아무 집이나 찾아가서 사람들에게 반야심경을 설하지 않는다. 오직 찾고자 하는 이가 와서 물으면 답할 뿐이다.

태어나고 늙고 죽는 일은 개체의 관점에서 보이는 현상이다. 개

　　　　　　　　　　　　반야심경의 비밀

체의 관점에서 벗어나면 '불생불멸(不生不滅)'이다. 꿈의 내용만 있을 뿐, 꿈 자체에는 새로 태어나는 것도 사라지는 것도 없다.

반야심경은 모두 다 공하다고 말한다. 모두 다 없다고 말한다. 그런데 무엇이 있어 환생하고 무엇이 무엇에서 벗어나서 열반을 얻겠는가. 없다, 없다, 없다, 공하다, 공하다, 공하다 하는 데 어디서 이런 믿음들을 스승의 가리킴에 갖다 붙일 수 있겠는가.

반야심경을 매일 독송하면서 이런 믿음을 두 손에 모아 자신의 바람을 이루려는 이들은 부디 자신의 믿음을 바로 보기 바란다. 반야심경의 뜻을 어려운 말 뒤에 감추고 자신의 믿음을 키우지 말고 스승의 뜻을 바로 보기 바란다. 반야심경에 나타나는 스승의 가리킴은 너무나 간결하다. 오해의 여지가 없다. 전혀 어렵지 않다. 그저 그 가리킴을 받아들이지 못하는 '나'의 믿음이 어려울 뿐이다. 그러나 이런 믿음 또한 있는 그대로 당연하고 괜찮다. '무무명 역무무명진'이고 '내지 무노사 역무노사진'이니 뭐 어떤가.

이 글을 읽는 당신도, 자신이 이 사실을 알든 모르든, 성령이며 부처이며 참인식이며 관세음보살이다. 그럴 수밖에 없다. 바닷속의 물방울은 다 바다다. 바닷속, 독립된 물방울은 없다. 모두가 절대 평등하다. 좀 더 정확히 말해서, 실체는 둘로 구분되지 않기에 평등하고 말고도 없다. 그래서 깨달은 이와 깨닫지 못한 이의 차이가 없다. 더 정확히 말해서 원래부터 깨닫지 못한 이는 없다. 깨달은 이도 없다. 깨달음도 없다. 겉으로 보이는 유일한 차이는 이 사실을 아는 이와 모르는 이만 있을 뿐이다. 몰라도 신경 쓰지 않는 이와 알고 싶어 하는 이만 있을 뿐이다.

책 '진리는 바로 지금, 바로 여기 있다'의 '나는 관세음보살이다.' 글에서 가져옴.

반야심경의 비밀

無苦集滅道 無智 亦無得
무고집멸도 무지 역무득

괴로움은 실체가 없기에 괴로움의 원인도 괴로움의 사라짐도 괴로움을 사라지게 하는 방법도 없고, 지혜가 따로 없기에 얻을 수 있는 지혜 또한 없느니라.

괴로움이라는 나쁜 것도 지혜라는 좋은 것도 따로 없다. '불구부정'이다. '고집멸도'를 꿈꾸는 이들이여, 스승은 분명히 '무고집멸도'라고 선언했다. 얻을 지혜가 없으니 이제 그만 그 믿음을 내려놓으라고.

無苦集滅道
무고집멸도

찾는 이의 환상을 가리키는 반야심경의 노력은 계속된다. 영적 수행을 한다고 하는 사람들 대부분이 가장 바라는 것은 마음의 평화다. 마음의 평화를 얻기 위해 수많은 사람이 마음공부를 한다. 보통 사람들도 마찬가지다. 마음의 평화는 실체가 따로 없다. 그저 괴로움이 없는 상태를 말한다. 괴로움에서 벗어나고픈 마음의 표현이다.

사람이면 누구나 괴로움이 없기를 바라고 괴로움의 원인을 찾아 제거하고 싶다, 영원히. 그래서 사람들은 스승을 찾아가 방법을 묻는다. 스승은 자기들이 생각하는 괴로움이 완전히 사라진 '니르바나(열반, 해탈, 산스크리트어: Nirvāṇa, निर्वाण)'라고 불리는 뭔가 대단한 절대 평온의 상태에 있다고 믿기 때문이다. 하지만 스승은 위로를 건넬 수는 있을지언정 거짓을 말할 수는 없다. 삶이 힘든 사람이 와서 물으면 위로를 건넬 것이다. 그러나 진리를 찾겠다고 하는 사람은 환상을 깨줘야 한다. 이런 믿음을 붙들고 있으면 결코 있는 그대로의 반야를 볼 수 없기에 스승은 매정하게 믿음의 심장을 가리킨다. 이런 믿음을 도려내는 일은 때론 심장을 도려내는 아픔이 따른다. 어찌 영원한 마음의 평화라는 달콤한 목표를 내려놓을까.

그래도 몇몇은 영원한 마음의 평화를 내려놓고서라도 나아가길 바란다. 있는 그대로의 진리가 너무 궁금해서 미치는 이들이 간혹 있다. 스승은 이들이 믿음의 장애를 극복하고 나아가도록 돕는다. 이런 '일체고액'을 넘어서 '오온개공'에 눈뜨도록 돕는다.

고통은 일어났다 사라진다. 분명 고통이 있다. 괴로움이 있다. 사랑하는 이를 잃는 고통은 이루 말할 수 없다. 다들, 이보다 큰 고통이 없다는 사실에 공감한다. 그렇게 큰 고통이 아니라도 내가 지금 겪는 고통은 너무나 괴롭다. 다른 사람들은 별 것 아니라는데 나는 왜 이렇게 고통스러운지 모르겠다. 다른 이들이 뭐라고 하든 말든 지금 내가 겪는 고통만큼 크고 힘든 것이 없다.

고통스러울 때는 이 고통이 영원할 것만 같다. 왜냐하면, 지금 겪는 고통이기 때문이다. 이렇게 고통스러울 때는 고통에 실체가 있는 것 같다. 귀신 같은 존재가 몸에 들어와 괴롭히는 것만 같다. 고통(고, 苦)이 어떤 독립적으로 존재하는 무엇 같이 느껴지기에 찾아서 사과 썩은 부분 도려내듯 원인(집, 集)만 말끔히 제거(멸, 滅)하면 고통에서 해방될 것만 같다. 그래서 그런 방법(도, 道)을 찾는다.

그런데 고통에 실체가 있는가? 가만히 살펴보라. 고통이 하나의 현상인가 아니면 하나의 개체인가? 고통이 '수상행식'과 구분이 되는가?

스승은 괴로움은 실체가 없다고 말한다. 그러니 어찌 괴로움을 생겨나게 하는 원인이 따로 있을까. 실체가 없는데 제거하고 말

것이 있을까. 제거할 실체가 없는데 어찌 제거할 방법이 있을까. '무고집멸도'다.

이 사실을 바로 알려면 찾는 이는 자신의 믿음을 바로 봐야 한다. "믿음이 거짓이다."라고 증명하라는 말이 아니다. 믿음을 참이다 거짓이다 증명하는 것은 가능하지도 않고 필요하지도 않다. 그저 믿음이 믿음에 불과하다는 사실을 보기만 하면 된다. 바로 지금, 바로 여기 확인할 수 있는 일이 아니면 믿음이다. 아무리 사실이라고 믿는 믿음일지라도 '사실이라고 믿는 것'이지 사실이 아니다. 사실은 자명하기에 믿을 필요가 없다. 이 사실만 바로 보면 된다. 그러면 믿음에 집착이 없다. 이것을 "믿음을 내려놓는다."라고 말한다.

'고집멸도'를 바라는 간절함을 두 손에 모아
'무고집멸도'라고 선언하는 반야심경을 보물 같은 주문이라
매일 되뇌는 그대여,
도대체 무엇에 눈이 멀어있는 걸까.

반야심경의 비밀

無智 亦無得
무지 역무득

스승은 다시 한번 말한다. 지혜가 따로 없기에 '당신'이 얻을 지혜란 없다고.

지혜는 있다. 반야는 있다. 진리는 있다. '아뇩다라삼먁삼보리'는 있다. 다만, '당신'이 얻을 수 있는 지혜는 따로 없다. "얻어서 당신 가슴속에 숨겨둔 목표에 써먹을 지혜는 없다."라고 스승은 분명히 말한다.

반야심경은 반야라는 지혜를 가리킨다. 궁극의 지혜인 '마하반야바라밀다'를 가리킨다. 그런데 "어떻게 지혜가 따로 없다고 하지?"라고 의아할 수 있다. 물론 지혜는 있다. 하지만 궁극의 지혜 반야는 당신이 머리로 이해하거나 얻을 수 있는 것이 아니며 세상 사람들이 말하는 그런 지혜가 아니다. 이 때문에 "진리는 바로 지금, 바로 여기 있다."라고 말한다. 진리를 얻을 수 없는 까닭은 잃어버린 적이 없기 때문이다. 진리는 얻고 말고 할 대상이 아니다. 진리는 세상 모든 대상을 포함한다. 모든 존재의 근원이다. 더 정확히 말해서 존재 자체다.

진리는 바로 지금, 바로 여기 있다.

핵심은 얻을 것이 없다는 것이다. 지혜가 따로 없는데 어디 얻을 지혜가 있을까. 석가모니는 당신에게 지혜를 가르치는 것이 아니다. 그저 반야라는 이름으로 일컬어지는 무엇을 가리킬 뿐이다. 당신이 직접 눈을 뜨고 보도록.

'무엇'을 찾는 한, 찾음은 끝나지 않는다. 찾는 대상이 한정되어 있으면 찾아져도 그 대상에 맞지 않기 때문에 찾음이 끝나지 않는다. 앞에서 이미 찾아졌다고 말했지만 받아들여지지 않는 까닭이 여기 있다. 대상이 한정되고 그 무엇이 어떠할 거라는 고정된 생각이 있으면 찾아지는 것은 그 틀에 맞지 않기 때문에 찾음이 끝날 수 없다. 찾고자 하는 무엇은 사실, 이미 여기 지금 있다. 찾고 말고 할 것이 없다. 궁극적으로 찾음은 허상이다. 이 사실을 알아가는 과정이 찾음이다.

책 '진리는 바로 지금, 바로 여기 있다'의 '그저 찾음이다.' 글에서 가져옴.

智
지

언어를 통해 다른 사람의 이야기를 전해 들은 것은 지식이다. 지식은 다른 이의 이야기다. 그렇게 전해 들은 이야기를 직접 체험하면 우리는 보통 이것을 지혜라고 부른다. 우리는 지혜라는 말에 큰 의미를 부여한다. 지혜가 '진리'라는 말과 엮이면 뭔가 대단한 지혜가 있을 것만 같다. 이 때문에 석가모니나 노자나 예수 같은 분들을 절대적 지혜를 가진 분으로 숭배한다. 그런데, 정말 그럴까? 절대적인 지혜가 있을까? 얻을 수 있는 지혜가 있을까? '내'가 얻어서 깨달아 '고집멸도'할 수 있는 절대 지혜가 있을까? 이런 의문은 지혜의 본질을 살펴보면 자연히 사라진다.

세상에서 떠받드는 지혜라는 것들을 가만히 살펴보라. 어찌 보면 다 결과론적인 이야기일지 모른다. 같은 생각으로 결과가 좋으면 지혜가 되지만 결과가 나빴다면 그것은 지혜가 아니라 우둔함이 된다. 같은 순간에도 누군가가 지혜라고 여기는 것을 누군가는 바보 같은 생각이라고 여길 수도 있다.

세상의 지혜라는 것이 그렇지 않은가? 사람들이 말하는 지혜를 살펴보라. 절대적인 지혜라고 할 것이 있는가? 늘 변하지 않는 지혜가 있는가? 세상 모든 이가 동시에 지혜라고 받아들일 수 있는 것이 있는가? '내가 절대적이라고 믿고 싶은 것'과 '있는 그대로 절대적인 것'은 다르다. 우리가 믿는 지혜라는 것들이 가만히 보면, 그 또한 상대적인 가치일 뿐이다.

이런 '지혜'의 본질을 바로 보면 '무지 역무득'의 뜻을 바로 이해할 수 있다. 왜 지혜가 따로 없다고 말하는지 알 수 있다. 모든 것이 공한데 지혜라고 예외일까.

반야는 하나의 가리킴이다. 얻을 수 있는 지혜가 아니라 지혜에 대한 모든 믿음을 내려놓을 때, 모든 지혜의 공함을 바로 볼 때 드러나는 무엇이다. 이 사실을 바로 이해해야 가리킴의 본질이 드러난다. 반야심경이 가르침이 아니라 가리킴이라는 말을 이해할 수 있다. 그래야 수행의 본질을 바로 알 수 있다. 찾음의 본질을 바로 알 수 있다. 왜 스승들이 찾음의 길이 얻는 과정이 아니라 덜어내는 과정이라고 말하는지 이해할 수 있다.

얻을 지혜가 없기에 얻을 진리도 없다. 이미 쌓여 있는 수많은 편견과 오해를 덜어내고 덜어내면 늘 있는 그대로의 진리는 있는 그대로 드러날 수밖에 없다.

본질을 바로 보면 의문이 없다.

모든 의문이 사라지면 그때가 찾음의 끝이다.

더는 무엇을 얻고자 하는 생각이 없다.

'무지 역무득'이다.

6장

결의 본질

뭔가를 얻을 수 있을 거라 믿는 찾는 이는 특별한 방법을 찾고 비법을 전해줄 스승을 찾는다. 이런 믿음으로 온 세상을 뒤진다. 찾음의 길은 길게 늘어지고 꼬이고 꼬인다. 반야심경은 이런 이들에게 올바른 방향을 가리킨다.

얻을 것이 없으니 얻을 길도 없다. 모든 길은 지금 여기로 돌아오는 길이다. 그저 걸음을 멈추고 이 사실을 바로 보면 된다. 삼세제불이 모두 그렇게 있는 그대로의 진리에 눈을 떴다.

길은 선이 아니라 점이다.
바로 지금, 바로 여기다.
찾음은 지금 여기로 가는 길이다.

以無所得故 菩提薩埵 依般若波羅蜜多
이무소득고 보리살타 의반야바라밀다

이렇게 얻을 것이 아무것도 없으므로 찾는 이는 오직 있는 그대로의 진리가 드러나기만을 바라야 하느니라.

'이무소득고'라며 앞의 글을 이어받아 찾는 이에게 올바른 길을 가리킨다. 자꾸 밖으로 고개를 돌리고 뭔가를 얻고자 떠도는 찾는 이를 잡아 세우며 말한다, "의반야바라밀다".

以無所得故
이무소득고

"이렇게 얻을 것이 아무것도 없으므로"라며 다시 한번 반야심경은 얻을 것이 아무것도 없다고 쐐기를 박아버린다. 아무리 이렇게 말해도 늘 '아무것도'에서 예외를 만들어 뭔가 얻을 것이 있다고, 뭔가 얻어서 있는 그대로의 내 모습이 아닌 특별한 다른 존재가 될 수 있다고 믿는다. 이런 믿음은 따라오는 '보리살타'의 기존 번역에서도 잘 드러난다.

菩提薩埵

보리살타

'보리살타'를 잘 못 해석하면 앞으로 나오는 모든 내용을 오해하게 된다. '보리살타'를 다양하게 번역하는 데 대부분 보리살타를 관자재보살이라는 인물을 가리키는 말로 해석한다. 관자재보살을 어떤 인물과 같은 존재로 해석하는 오류가 보리살타에 이어진다. 이렇게 해석하면 반야심경의 전체 흐름이 일그러진다. 관자재보살은 첫 줄에 나오고 그 설명이 이어지다 '무무명'부터는 찾는 이에게 초점을 두고 이어가는 글이다. 관자재보살이 나올 곳이 아니다.

'보리(菩提, 산스크리트어: bodhi, बोधि)'는 지혜나 깨달음을 일컫는 말이다. '살타(薩埵, 산스크리트어: Sattva, सत्त्व)'는 보통 '사람'을 일컫는다. 이를 합쳐놓은 산스크리트어 '보리살타(菩提薩埵, 산스크리트어: Bodhisattva, बोधिसत्त्व)'는 두 가지로 해석할 수 있다. 지혜를 이미 얻은 '깨달은 사람'으로 해석하거나, 또는 지혜를 얻으려 하는 '깨달음을 추구하는 사람'으로 해석할 수 있다. 기존의 번역 대부분은 '깨달은 사람'으로 해석한다. 그래서 보리살타가 관자재보살을 가리킨다고 오해한다. 이것은 글의 흐름을 놓치며 생기는 오해다. 깨달은 사람은 다음에 나오는 '삼세제불'이지 '보리살타'가 아니다.

반야심경의 '보리살타'는 찾는 이를 일컫는 말이다. 반야심경을 듣고 있는 찾는 이다. 여전히 뭔가 얻을 것이 있을지 모른다는 믿음을 떨치지 못하는 찾는 이들에게 반야심경은 오직 '반야바라밀다'에만 의지하라고 말한다.

보리를 찾는 살타어,
답답해도 괜찮다. 답답함은 찾음을 이끄는 힘이다.
외로워도 괜찮다. 내가 너와 늘 함께하느니라.

依般若波羅蜜多
의반야바라밀다

찾는 이는 오직 '반야바라밀다'에만 의지해야 한다. 진리를 수단으로 삼지 말라는 말이다. 자신이 원하는 진리의 틀에 가두지 말라는 말이다. '반야바라밀다'는 '있는 그대로의 진리'다. 내가 정해놓은 진리가 아닌 오직 있는 그대로의 진리가 드러나기만을 바라야 한다. 기억하라. 몰라서 찾는 것이다. 그러니 모름은 모름에 두어야 한다.

"무엇을 찾는다."가 아니라 그냥 찾는 것이다. "내가 무엇을 찾는다."가 아니라 그저 '찾음'이다. 이것이 찾음의 본질이다. 찾음에는 특별한 방법이 없다. 비법을 전해줄 특별한 스승이 없다. 스승의 모든 가리킴은 오직 바로 지금, 바로 여기를 가리킨다. 뭔가를 주는 것이 아니라 이미 있는 믿음을 덜어내라고 가리킨다. 다른 어디로 가는 길을 가리키며 떠미는 것이 아니라 떠도는 찾는 이를 잡아 세운다. 바로 지금 여기로 갈 길은 오직 멈추는 일이다. 눈을 가리는 믿음이라는 먼지를 걷어내면 반야는 자연히 드러난다. 이것이 진정한 찾음의 길이다. 길의 본질이다.

그러니 오직 있는 그대로의 진리가 드러나기만을 바라야 한다.

찾음의 끝에서는 이 바람마저 내려놓아야 '의반야바라밀다'가 온
전해진다.

엔소(Ensō, 円相),

찾음은 처음으로 돌아와 끝난다.

결국, 제자리다.

사실, 떠난 적이 없다.

반야심경의 비밀

故心無罣礙 無罣礙故 無有恐怖
遠離顚倒夢想 究竟涅槃
고심무가애 무가애고 무유공포
원리전도몽상 구경열반

그러면 마음에 걸리는 것이 없고, 걸릴 것이 없으면 두려울 것이
없어서, 모든 거짓 믿음을 넘어 어떤 의문도 남지 않는 있는 그대
로의 진리가 드러나느니라.

  찾는 이는 자꾸 의심이 들고 확신이 없어 두렵다. 지금껏 들어
온 바와 너무나 다르다. 그럼에도 찾는 이는 세상 모두가 말하는
상식을 거슬러 가야 한다. 이를 잘 아는 스승이 찾는 이를 다독
이며 독려하는 내용이다.

故心無罣礙 無罣礙故 無有恐怖
고심무가애 무가애고 무유공포

'내'가 원하는 것이 아닌, 있는 그대로의 진리가 있는 그대로 드러나기를 바라면 '마음에 걸리는 것(가애, 罣礙)'이 없어진다. 걸릴 것이 없는데 '두려울 것(공포, 恐怖)'이 있을까. 그러면 비로소 오랫동안 세상에서 듣고 배우고 스스로 쌓아온 믿음들을 바로 보게 된다. 그렇게 믿음을 하나둘씩 내려놓을 수 있다. 믿음이라는 먼지들이 다 닦여 나가면 있는 그대로의 진리가 드러난다. 진리는 늘, 한순간도 빠짐없이, 어떤 가림막도 없이, 너무도 단순히 바로 지금, 바로 여기 있기 때문이다. 이때는 어떤 의문도 없다. 의문이 기댈 수 있는 믿음이라는 기반이 다 사라져 버렸기 때문이다.

遠離顚倒夢想
원리전도몽상

진리를 수단 삼아 내가 원하는 다른 뭔가를 얻으려 하면 마음에 숨기는 것이 생기게 마련이다. 따로 원하는 것이 있으면 마음에 걸리는 집착이 일어난다. 뭔가에 집착하면 두려움이 일어난다. 얻을 것이 있으면 얻지 못할까 두렵다. 이 두려움에 여기저기 휘둘린다. 이렇게 '전도몽상' 속에서 살아간다. 전도몽상에서 벗어나는 길은 얻을 것이 없다는 사실을 가슴 깊이 알고 모든 기대를 접는 것이다.

진리는 수단이 아니라 목적이다. 뭔가를 얻겠다는 집착이 없으면 잃을 것이 없다. 그러면 두려움이 없다. 그냥 있는 그대로의 진리만을 바랄 뿐이다. 나의 편견과 믿음이 정해놓은 진리가 아니라 그저 진리가 그 무엇이든 간에 있는 그대로 찾고자 하는 간절함이 타오르면, 이때 비로소 '찾음을 가로막던 모든 믿음(전도몽상, 顚倒夢想)'이 멀어지며(원리, 遠離) 자연히 내려놓아 진다. 모든 믿음이 허상이었음을 바로 보게 된다. 그저 믿음이 '믿음'에 불과하다는 사실을 바로 보는 것이다.

'전도몽상'은 독립된 '나'와 독립된 '사물'들이 있다는 믿음이고 '내'가 '무엇'을 얻을 수 있다는 믿음이다. 그러나 반야심경은 세상이 공하다고 말한다. 세상을 바라보는 '나'도 공하다고 말한다. '내'가 얻을 것은 아무것도 없다고 말한다. 하지만 우리는 정반대로 믿는다. 석가모니가 말하는 사실과 정반대로 찾는 이는 믿고 있다. 그래서 '전도(정반대로 뒤집힌) 몽상(환상, 즉 거짓 믿음)'이라고 일컫는다.

길의 본질을 바로 알면 오해가 없다. 길의 본질은 찾음의 본질과 통한다. 찾음의 본질은 얻을 것이 없다는 것이고 길의 본질은 얻을 것이 없으니 얻을 방법도 없다는 말이다. 원래부터 얻을 것이 없기에 뭘 얻고 말고도 없다는 말이다. 본질을 잃지 않으면 전도몽상(顚倒夢想)을 넘어갈(원리, 遠離) 수 있다.

집에 있는 파랑새를 찾아 세상을 돌아다니고 있지는 않은가?
업은 아기 찾아 삼면을 들쑤시고 있지는 않은가?
그래도 괜찮다.
파랑새도 아기도 잃어버린 적이 없으니.

究竟涅槃
구경열반

아무리 이렇게 반복해서 이야기해도 결국 또다시 뭔가를 얻으려 하고 지금 여기가 아닌 다른 어딘가로 가려고 한다. 이런 믿음

반야심경의 비밀

은 세상에 널리 알려진 기존의 '구경열반'에 대한 해석에서 잘 드러난다. '구경(究竟)'은 "최고 또는 궁극"이란 뜻이고 '열반(涅槃)'은 산스크리트어 "니르바나(Nirvāṇa, निर्वाण)"의 발음을 한자로 옮긴 말이다. 사람들은 열반을 부처가 모든 괴로움을 벗고 도달한 어떤 상태라고 믿는다. 이렇게 도달한 상태에 있는 세계를 '피안(彼岸, 저 언덕)'이라고 이름 붙이고 이야기를 만들어낸다. 지금 여기가 아닌 다른 어떤 곳을 상상한다. 지금 여기가 아니기에 거기로 가야 하고 가야 하면 갈 방법이 있어야 한다. 빨리 가고 싶은 마음에 최고의 방법을 찾는다. 최고의 방법을 오랫동안 열심히 수행해야 열반에 가까이 갈 수 있다. 이것이 세상에 만연한 수행자의 믿음이다.

하지만 반야심경은 정반대로 그런 것 없다고 반복해서 그 믿음을 부정한다. 얻을 건 아무것도 없다고 말한다. 얻을 '나'도 얻을 '대상'도 공한데 뭐가 무엇을 얻는다는 말인가.

얻을 것이 없는데 있다고 믿는 것이 '전도몽상'이고 이 '전도몽상'의 믿음을 내려놓는 것이 바로 '구경열반(究竟涅槃)'이다. 산스크리트어 '니르바나'는 "바람에 불이 꺼졌다."는 뜻으로 믿음이 꺼지는 일을 일컫는 말이다. '구경열반'은 마침내 모든 믿음이 남김없이 꺼진 일을 일컫는 말이다. 모든 믿음이 꺼지면 자연히 있는 그

대로의 진리가 드러난다. 눈부신 전등이 다 꺼지면 늘 빛나는 밤
하늘의 별들이 드러나는 것처럼.

三世諸佛 依般若波羅蜜多
故得阿耨多羅三藐三菩提
삼세제불 의반야바라밀다
고득아뇩다라삼먁삼보리

예전에도 지금도 그리고 앞으로도 모든 부처는 오직 있는 그대로의 진리에 눈을 뜨면서 궁극적 깨달음이 일어나고 찾음을 온전히 끝내느니라.

스승은 다시 한번 강조한다. 따로 얻을 것이 없으니 오직 있는 그대로의 진리가 드러나게 하라고. 이것만이 삼세제불이 지나온 유일한 길이라고 강조한다.

오랜 찾음이 끝났다. 찾아지는 것은 처음부터 너무도 선명하게 정해져 있었다. 찾음을 끝낸 모든 이에게 찾아지는 것은 다 똑같다. 다를 수가 없다. 수천 년 전의 석가모니나 예수든, 근대의 라마나 마하리쉬나 니사르가다타 마하라지든, 동양의 노자든 서양의 마이스터 에크하르트든, 지구상의 스승이든 은하수 저 너머 외계의 스승이든, 어떻게 다를 수 있겠는가.

책 '진리는 바로 지금, 바로 여기 있다'의 '들어가는 말' 글에서 가져옴.

三世諸佛
삼세제불

'불(佛)'은 산스크리트어 '붓다(Buddhá, बुद्ध)'에서 온 말로 '궁극적 깨달음'이 일어난 사람을 일컫는다. 우리말로 부처라고 한다. 대표적인 붓다는 석가모니라 불리는 '고오타마 싯다르타' 붓다다. '고오타마 싯다르타'가 대표적인 부처이기는 하지만 유일한 부처는 아니다. 반야심경이 가리키는 진리에 눈을 뜬 모든 이가 부처다. 반야심경이 가리키는 진리는 '마하반야바라밀다'이다. 특별한 진리가 아니라 있는 그대로의 진리다. 그러니 반야는 오랜 과거든 현재든 미래든, 인도든 동양이든 서양이든, 심지어 은하계 저 너머 행성이든, 어떤 세계이든 다를 수가 없다. 이런 반야에 눈을 뜬 모든 이가 부처다. '삼세제불'은 이런 모든 부처를 가리킨다. 석가모니만 특별한 것은 아니라는 말이다.

석가모니를 숭배하는 종교인은 이 해석에 큰 거부감을 느낄지도 모른다. 계급을 나누고 서열을 세워서 숭배하는 '가치'는 오직 숭배하는 그 사람의 마음에 있다. '시제법공상'하기에 '불구부정'이라고 반야심경은 분명히 말한다. 모든 가치는 공하다. 석가모니라고 다르지 않다. 석가모니를 특별하게 여기는 마음을 부정하는 것이 아니다. 특별함이 석가모니라는 대상에 있지 않다는 사실을 바로 알면 그만이다.

특정 인물이 특별하다는 '전도몽상'에서 벗어나야 스승이 가리키는 바를 오해하지 않는다. 특정 스승을 특별하게 만들고 숭배하는 마음 뒤에는 '내'가 무언가를 얻고자 하는 바람이 숨어있다. 무언가 얻을 것이 있기에 특별한 방법이 있어야 하고 특별한 방법을 알려줄 특별한 스승이 필요하다. 얻고자 하는 것이 크면 클수록 스승은 더욱더 대단해져야 한다. 모두가 숭배할 만큼 위대한 신의 모습이어야 한다. 그래야 내가 원하는 것을 줄 힘이 있기 때문이다. 그러나 반야심경은 이런 믿음에서 벗어나라고 여러 번 반복해서 일깨운다.

> 당신이 숭배하는 것이
> 있는 그대로의 스승인가,
> 마음속의 바람인가?

依般若波羅蜜多
의반야바라밀다

찾음이 끝날 때 너무도 명확히 이것 외에 다른 어떤 진리도 있을 수 없다는 사실을 알게 된다. 찾음이 끝난 자연인은 "찾아지는 것은 언제 어디서든 다르지 않다."라는 사실을 안다. 자연인, 즉 모든 부처에게 일어나는 앎은 다 똑같다. 다를 수가 없다. 이 때문에 오랜 세월이 지난 뒤에도 이렇게 반야심경을 이해하고 설명할 수가 있다.

이렇게 앎이 같기에 삼세 부처가 반야에 이르는 길도 다 같다. 결국, 다 제자리다. 바로 지금, 바로 여기로 오는 길이다. 아무것도 얻을 것이 없기에 삼세제불은 어떤 바람도 없이 '의반야바라밀다', 즉 '있는 그대로의 진리'가 드러나기 만을 간절히 바랐다. 오직 이 길만이 삼세제불이 걸어온 길이다. 모든 어려움을 넘어서는 길이다.

반야심경의 비밀

得阿耨多羅三藐三菩提

득아뇩다라삼막삼보리

'아뇩다라삼막삼보리(阿耨多羅三藐三菩提)'는 산스크리트어 (Anuttarā samyak sambodhi, अनुत्तरा सम्यक् सम्बोधि)의 발음을 한자로 옮긴 말로 "궁극적 온전한 깨달음"이라는 뜻이다. 짧게 '궁극적 깨달음'이라고 일컫는다. '아뇩다라삼막삼보리'는 '내'가 얻는 무엇이 아니다. '내'가 도달할 어떤 수준이 아니다. 그저 앎이다. 온전한 앎이다. 있는 그대로의 앎이다.

'득(得)'은 산스크리트어 "랍띠(Prāpti, प्राप्तिf)"를 번역한 말인데 원하는 것을 얻거나 이룬다는 뜻이다. 그런데 반야심경의 '득아뇩다라삼막삼보리'에는 얻거나 이루는 '내'가 없다.

우리는 언어로 사고한다. '득아뇩다라삼막삼보리'를 언어로 표현하려면 주어와 목적어와 동사가 있어야 한다. 주어나 목적어를 생략해도 언어는 당연한 주어나 목적어를 채워 넣게 마련이다. 언어와 우리 사고의 한계. 상대적 세상 안에서의 한계. '득'은 이 한계를 넘어서 일어나는 일이다. 여기에는 주어와 목적어가 따로 없다. 그래서 '내'가 '깨달음'을 얻는다고 오해하면 안 된다.

'득아뇩다라삼막삼보리'는 앎이 완성되는 일이다. 아무것도 얻을 것이 없다는 사실을 깊이 아는 일이다. 모두가 공하다는 사실

에 눈을 뜨는 일이다. '나'와 세상의 실체가 드러나고 모든 의문이
사라지는 일이다. 관세음보살과 처음부터 둘이 아니라는 사실에
눈을 뜨는 일이다. 어떤 언어로도 표현할 수 없는 '관자재보살 행
심반야바라밀다'의 의미가 온전히 드러나는 일이다. 이 일을 가리
켜 '득아뇩다라삼먁삼보리'라고 일컫고 우리말로 "궁극적 깨달음
이 일어나고 찾음을 온전히 끝낸다."라고 옮긴다.

변하는 것은 세상을 보는 관점이다.

- 웨인 리쿼만 (Wayne Liquorman)

반야심경의 비밀

故知般若波羅蜜多 是大神呪 是大明呪
是無上呪 是無等等呪 能除一切苦 眞實不虛
고지반야바라밀다 시대신주 시대명주
시무상주 시무등등주 능제일체고 진실불허

그러니 명심하기를, 있는 그대로의 진리를 바로 보는 것만이 가장 신비하고 확실한 길이며 무엇과도 견줄 수 없는 최고의 방법이기에 능히 모든 어려움을 뛰어넘어 진실에 닿기에 헛되지가 않으니라.

'고지반야바라밀다'라며 반야심경은 다시 한번 반복하며 명심하라고 강조한다. 다 공하니 뭔가를 얻으려 하는 모든 믿음을 내려놓고 오직 '반야바라밀다', '있는 그대로의 진리'에 눈을 뜨도록 노력하라고 말한다. 이거 말고는 다른 어떤 길도 없다는 말이다. 이것만이 유일한 길이다. '시대신주 시대명주 시무상주 시무등등주 능제일체고 진실불허'라며 같은 말을 조금씩 다르게 여러 번 반복하며 강조한다. 믿음을 내려놓는 일이 그렇게 간단치가 않다는 사실을 스승은 경험상 잘 알기 때문이다.

대부분의 찾는 이는 자신의 믿음을 쫓는다. 운이 좋게 스승을 만나도, 스승이 자신의 믿음을 지지해줄 생각이 전혀 없다는 사실을 알면 다시 찾지 않는다. 에고에게 스승은 '시바(산스크리트어: Śiva, शिव)'와 같은 파멸의 신이다. 에고는 스승을 떠나도록 부추기며 온갖 이유를 갖다 댄다. 이 때문에 간절함이 에고를 이기는 소수의 찾는 이만이 스승의 발아래 앉아 가리킴에 마음을 연다.

대부분은 자신의 믿음을 지지해 줄 선생을 찾아다닌다. 세상에는 자신의 믿음을 지지하고 옹호하고 더 견고히 쌓아주는 곳이 널려있다. '희망'이라는 이름 아래 에고는 숨을 쉰다. 다들 믿음을 손에 꼭 쥐고 뛰고 또 뛴다. 그렇게 세상의 수많은 수행자가 다람쥐 쳇바퀴에 올라타 내려올 생각을 못 한다. 잡힐 것만 같은 자신의 믿음을 앞에 매달고 오늘도 헛되이 뛰고 또 뛴다. 좀 더 빠르게 뛰지 못하는 자신의 노력이 안타까울 따름이다.

방향이 틀리면 빨리 가는 일은 소용없다. 얻고 얻을수록 내려놓아야 할 짐만 는다. 그러나 어쩌겠는가, 가다가다 지쳐야 멈추고 쌓인 짐에 몸이 짓눌려야 내려놓게 되는 것을. 싯다르타는 죽음의 문턱에서야 비로소 멈추어 섰다. 이 또한 찾음의 길이기에 스승은 말없이 가리킬 뿐이다.

다른 길은 없다.

오직 믿음을 내려놓아야 한다.

7장

주문

반야심경이 핵심만 적은 짧은 글이나 여전히 내용을 되새기기에는 반복이 많고 길다. 핵심만 요약한 짧은 구절이 있으면 찾는 이는 생활 속에서도 기회가 있을 때마다 되뇌기가 쉽다. 반야심경은 이런 짧은 구절을 하나의 주문으로 찾는 이에게 일러준다.

습관은 습관으로 덮는다.

故說般若波羅蜜多呪 即說呪曰
고설반야바라밀다주 즉설주왈

그래서 일러주리니 다음과 같이 말하며 있는 그대로의 진리에 눈을 뜨거라.

찾는 이는 스승 앞에서는 "아하!" 하며 알 듯하다가 뒤돌아서면 다시 믿음에 사로잡히기 쉽다. 에고는 쉬지 않는다. 늘 기회를 엿본다. 그래서 찾는 이는 스스로 스승의 말씀을 계속해서 되새기며 살피고 살펴야 한다. 살피다 보면 모든 믿음이 떨어져 나가고 에고의 실체 또한 공함을 보게 되는 때가 온다. 이렇게 찾음이 온전히 끝날 때까지는 쉼 없이 살펴야 한다. 반야심경은 사리자가 이렇게 살필 수 있도록 돕는다.

반야심경의 비밀

故說
고설

'고설'은 그래서 일러준다는 말이다. 앞의 내용을 잊지 말라는 말이다. 방법을 이야기하는 것이 아니라, 방법이 없다는 사실을 바로 아는 데 도움을 준다는 말이다. 스승의 말에 고개를 끄덕이며 마음을 열고 받아들이려고 해도 오랜 세월 믿음을 꼭 쥔 손이 굳어 잘 놓아지지 않는다. 시간이 걸리기 마련이다. 그래서 스승은 찾는 이에게 가리킴의 내용을 반복해서 되뇔 수 있게 도움을 준다.

그런데 이것을 "그래서 반야를 얻을 수 있는 대단한 신비의 주문을 알려준다."라고 오해하면 또다시 반야심경의 내용에 반하는 '전도몽상'이 된다.

찾는 이는 다시 '어떻게'라는 방법을 묻는다.
다시, 스승은 방법 대신 질문 아래 숨겨진 믿음을 가리킨다.

아무리 공하다, 얻을 지혜도 없다, 얻을 것이 아무것도 없다, 그러니 얻을 방법도 없다고 말해도 찾는 이는 또 묻는다. 그래서 그 사실을 '어떻게' 하면 알 수 있느냐고, 또다시 방법을 묻는다.

한심해 보이나 다들 그러고 있다. 찾는 이가 그렇다. 그냥 마음을 열고 받아들이면 될 것 같은데 그게 쉽지가 않다. 오랜 습관이라는 게 무섭다. 태어나서부터 스승 앞에 서기까지 꾸준히 강화해 오던 믿음이 어찌 한순간에 사라질까. 삼세제불은 다 한때 찾는 이였기에 경험상 찾는 이의 마음을 잘 안다. 그래서 '즉설주왈', 일러주는 것이다.

궁극적 깨달음에 전제조건은 없다. 얻어야 할 것도, 버려야 할 것도 없다. 이미 있는 그대로에 더해야 할 것도, 덜어야 할 것도 없다. 이 '있는 그대로' 안에서 많은 사람이 뭔가를 하고 있다. 뭔가를 하고 싶어 한다. 뭔가를 해야만 할 것만 같다. 스승은 "그냥 있으라."라고 하지만 그러지 못한다. 스승은 "있는 그대로 완벽하다."라고 하지만, 당신은 완벽한지를 모른다. 어쩔 수 없이 뭔가를 하게 된다. 뭔가를 하려는 것은 인간의 본성이다. 살아 있기 때문이다.

찾음에서 뭔가를 한다면 어쩔 수 없이 한다는 사실을 잘 알아야 한다. 어쩔 수 없이 할 때는 어떤 목적도 필요 없다. 뭘 얻고자 함이 아니다. 누가 뭘 얻겠는가? 뭔가를 얻으려고 목표를 세우고 하는 모든 행위는 어떤 형태로든 부작용을 낳는다. 물론 이런 부작용도 가는 길의 일부이기에 사실

반야심경의 비밀

부작용이란 없다. 목표를 이루려는 모든 행위는 결국 모든
목표를 내려놓는 길로 가는 여정이다.

呪
주

　찾는 이는 늘 다시 '어떻게'를 묻기에 스승은 어쩔 수 없이 뭔가
할 거리를 준다. 이렇게 주는 할 거리 중 하나가 '주문(주, 呪)'이다.
주문을 '진언'이라고도 하고 산스크리트어로는 '만트라(Mantra,
मन्त्र)'다.

　반야심경이 알려주는 주문을 바로 알려면 주문에 깃든 세상의
오해를 넘어서야 한다. 산스크리트어 '만트라'는 딱히 정해진 뜻이
없으나 사람들은 기존의 생각들을 모아 만트라를 다음과 같이
정의한다. 여기에 어떤 오해가 깃들어 있는지 살펴보자.
　"만트람(Mantram) 또는 진언(眞言: 참된 말, 진실한 말, 진리의 말)은

'영적 또는 물리적 변형을 일으킬' 수 있다고 여겨지고 있는 발음, 음절, 낱말 또는 구절이다. 밀주(密呪) 또는 다라니(陀羅尼)라고도 한다."

- 불교사전 (운허와 동국역경원)

"진언은 인도불교전통에서 '소리에 내재하여 있는 신비적 힘으로 그것의 무의미성을 통해 법계의 공성(空性)을 깨닫게 하는 힘을 지닌 것'으로, 그리고 티베트 불교전통에서는 '특수한 불격이나 기대되는 결과와 관련을 맺고 있는 전통에 의하여 효력이 있는 것으로 인증되는 신비한 양식으로 명상과 조화를 이루는 염송에 의하여 효력을 가지는 것'으로 정의되고 있다."

- 진언과 불교수행 (황순일)

"밀교에서 여러 불·보살 또는 제천(諸天)에 호소해서 기도하거나 의식에 효력을 부여하기 위해서 외우는 주문. 산스크리트어로는 만트라(Mantra). 또는 타자에게 은혜·축복을 주고, 자신의 몸을 보호하고 정신을 통일하고, 또는 깨달음의 지혜를 획득하기 위해서 외우는 신비적인 위력을 가진 언사."

- 종교학대사전

반야심경의 비밀

세상 사람들이 생각하는 만트라의 의미가 위 세 가지 정의에 잘 나타난다. 사람들은 자기의 바람을 현실로 이루어내는 하나의 수단으로 주문을 생각한다. 목적은 '나'의 바람을 이루는 것이다. '내'가 뭔가를 얻는 것이다.

반야심경에서 그렇게 얻을 것도 얻을 방법도 없다고 말해도 뭔가를 얻고 싶은 사람들은 만트라를 신비한 마법으로 받아들인다. 산스크리트어로 '옴(Oṃ, ॐ)'은 많은 사람이 신비한 영적 힘을 지닌 소리라고 여기며 최고의 만트라라고 여긴다. 이 소리를 분석하고 이야기를 붙여 신의 영역으로 가져다 놓는다. 다들 부정하고 싶겠지만 정확히 반야심경에서 "그런 것은 없다."라고 말하며 넘어서라고 충고하는 '전도몽상'이다.

세상의 바람과 달리 반야심경은 얻을 것이 아무것도 없다고 말한다. 무엇을 얻고자 하는 간절함으로 반야심경의 주문을 읽기에 오해하는 것이다. 반야심경은 세상 속에서 살아가는 이야기에 관한 내용이 아니다. 세상 그 자체의 실체를 말하는 내용이다. 세상 속에서는 뭔가를 얻어야 하지만 실체를 가리키는 진리의 관점에서는 얻을 것이 없다. 얻을 필요가 없다. 얻고 말고가 없다.

스승은 얻을 것이 없다고 알려주는데 세상의 믿음을 내려놓지 못한 찾는 이는 계속해서 묻는다. "어떻게 그 사실을 아나요?" 스승은 어쩔 수 없이 그럼 "얻을 것이 없다."라는 말을 늘 반복해보라고 일러준다.

"진리는 이미 여기 있다. 그러니 구할 것이 없다."라고 스승이 말하면 찾는 이는 "그 사실을 어떻게 깨달을까요?"라고 또 '어떻게'를 묻는다. 그럼 스승은 찾는 이에게 "간절한 마음으로 '진리가 이미 여기 있음을 알게 하소서.'라는 말을 시간이 날 때마다 반복하거라."라고 일러준다. 이것이 반야심경이 일러주는 주문의 본질이다.

반야심경에서 '즉설주왈' 하면서 말하는 '아제아제 바라아제 바라승아제 모지 사바하'는 스승이 주는 주문이다. 주문은 앞에서 설명한 가리킴의 핵심을 담고 있다. 앎의 본질을 잘 아는 스승은 쉽게 반복하며 가리킴을 되새길 수 있게 주문으로 찾는 이를 돕는다. 반복은 익숙하게 만들고 익숙함은 앎이 일어날 공간을 만든다. 기회가 될 때마다 주문에 담긴 뜻을 새기며 되뇌라.

한가지 빠져서는 안 될 것이 있다. 간절함이다. 주문을 되뇌게 하는 힘은 간절함이다. 또 주문을 반복하다 보면 간절함이 더 깊어진다. 오직 있는 그대로의 진리가 드러나기를 바라는 간절함은 모든 믿음을 불태운다. 모든 어려움을 뛰어넘는다. 간절함으로 반복하라. 이보다 좋은 방법은 없다. 반복하면 익숙해진다. 그렇게 앎이 일어난다. 이것이 만트라의 힘이다.

揭諦揭諦 波羅揭諦 波羅僧揭諦 菩提 娑婆訶
아제아제 바라아제 바라승아제 모지 사바하

있다. 있다. 모두 있다. 바로 지금 여기 모두 있음에 눈뜨게 하소서.

　어떤 사람들은 이 마지막 부분을 신성시하며 만트라는 번역하는 게 아니기에 뜻을 생각하지 말고 반복해야 한다고 믿는다. 세상 최고의 신비하고 대단한 주문이니 주문 자체에 뭔가 대단한 힘이 있다는 믿음이다. 그런데 분명 반야심경은 그런 것은 없다고 말한다. 혹여라도 그들의 믿음처럼 그런 것이 있었으면 오랫동안 중국이나 한국의 수행자들은 다 헛일한 셈은 아닐까.

　산스크리트어 발음을 비슷한 한자 음으로 옮기고 그 한자 음을 다시 한글 음으로 옮긴 '아제아제 바라아제 바라승아제 모지 사바하'는 정확한 발음이 아니다. 산스크리트어로는 "गते गते पारगते पारसंगते बोधि स्वाहा"이고 IAST[5]에서 나타내는 음운은 "gate gate pāragate pārasaṃgate bodhi svāhā (가테 가테파라

---

5) International Alphabet of Sanskrit Transliteration

　　　　　　　　　　　　　　　　　　　반야심경의 비밀

가테 파라삼가테 보디 쏴바하)"이고 IPA[6]에서 나타내는 음운은 "gəte: gəte: paːrəgəte: paːrəsəŋgəte boːdʰɪ sʋaːhaː"이다. 분명 우리가 발음하는 '아제아제 바라아제 바라승아제 모지 사바하'랑 비슷하기는 하다. 비슷하다는 것도 이 발음에 익숙한 한국인이 보기에 그렇다. 고대 인도인이 들으면 전혀 다른 말일지도 모른다. 혹, 우리가 바라는 그런 뜻이 아니라 정반대의 말이 될지 누가 알겠는가?

미국 식당에 가서 보니 나이프는 있는데 포크가 없어서 "포크 좀 갖다 주실래요? (Could you give me a pork?)"라고 말하면 돼지고기를 가져다줄지도 모른다. Fork의 "F" 발음을 바르게 하지 못하고 한국 사람들이 자주 실수하듯 한글 음대로 "P" 발음으로 "포크"라고 발음하면 나이프 옆 포크가 아니라 돼지고기가 된다. "아제아제 바라아제 바라승아제 모지 사바하"라고 한들, 콜라를 모르는 조선 시대 수행자가 "콜라콜라 코카콜라 팹시도콜라 모지 사바하"라고 한들 뭐가 다를까. 우스갯소리로 들릴지 모르겠지만 뼈 있는 말이다. 흘려들을 소리가 아니다.

혹시, 산스크리트어로 바로 발음하면 주문의 효력을 볼 것 같

---

6) International Phonetic Alphabet

다는 생각이 드는가? 반야심경이 산스크리트어로 처음 쓰였다는 증거는 어디에도 없다. 아직도 석가모니가 생전에 어떤 언어로 가리킴을 전했는지 아무도 모른다.

여전히 "혹시나…, 그래도…" 하는 마음이 있다면 가만히 자신에게 어떤 믿음이 있는지 살펴보라.

아직도 "그래도, 혹시나" 하면서 뭔가 얻을 것이 없을까 하며 바라는 찾는 이는 반야심경의 이 마지막 부분을 하나의 방법으로 받아들인다. 뭔가를 얻을 수 있는 깨달음에 도달할 수행이라 여긴다. 스승은 오늘도 자신의 노력만을 탓하며 뼈 깎는 수행을 이어가는 수행자들이 안타깝다. 그래서 침묵으로 충분할 가리킴이 길어진다. 어쩔 수 없이 이런 주문도 일러주게 된다.

부디 수행자들은 반야심경의 가리킴대로 수행에 관한 환상과 믿음을 내려놓고 수행의 본질을 바로 보기 바란다. 그래야 수행이 바로 선다. 수행은 뭔가를 얻기 위한 방법이 아니다. 얻을 것이 없다는 사실을 받아들이기 위한 노력이다. 수행은 진리를 찾기 위해 지금 여기가 아닌 어딘가 피안(彼岸)으로 갈 수 있는 방법이 아니다. "진리는 바로 지금, 바로 여기 있다."라는 사실을 받아들이기 위한 노력이다. 있는 그대로의 진리가 드러나기를 바라

반야심경의 비밀

는 간절함의 표현이다. 이것이 수행의 본질이다.

가슴에 수행의 본질을 바로 새기고 반야심경의 마지막 부분에서 스승이 일러주는 주문을 들여다보자.

揭諦揭諦 波羅揭諦

아제아제 바라아제

대부분 우리말 번역은 주문을 "가자 가자 넘어가자, 모두 넘어가서 무한한 깨달음을 이루자."로 번역한다. 이런 번역에는 정확히 반야심경에서 그렇지 않다고 알려주는 믿음이 가득하다. 신비한 주문을 열심히 외워서 깨달음을 얻자는 믿음이 넘쳐난다. 이 말은 "지금은 아니다."라는 말이다. 지금은 깨달음이 없다는 말이다. 또 이 말은 "여기는 아니다."라는 말이다. 여기는 벗어나야 할 '삼사라(Saṃsāra, संसार)'다. 현 세상을 부정하고 이데아를 꿈꾸는 플라톤의 철학이다. 괴로운 삶을 벗어나고 싶은 사람들의 마음이다. 이런 믿음을 바탕으로 나온 번역이다. 반야심경의 내용과 맞지 않는다.

해외에서 통용되는 영어 번역은 다음과 같다.

"gone, gone, everyone gone to the other shore, awakening, svaha."

직역해보면 "건너갔다, 건너갔다, 모두가 저 너머로 건너갔다. 깨달음이여, 사바하" 정도로 번역할 수 있다. '아제(揭諦)'는 산스크리트어 "가테(gate, गते)"의 발음을 한자로 옮긴 것이다. "가테"는 "갔다. 건너갔다. 완성했다."라는 과거형의 뜻이기에 영어 번역은 본뜻을 잘 살린 번역이다.

영어 번역은 반야심경 전체 내용과 흐름을 같이 한다. "건너갔다, 건너갔다, 모두가 저 너머로 건너갔다."는 반야심경의 뜻을 잘 품는다. 공하다, 얻을 것이 없다, 갈 곳이 따로 없다고 말하는 반야심경이 가리키고자 하는 바다. '나'만 저 너머로 간 것이 아니라 세상 모두가 이미 도착해 있다는 말이다. '무무명 역무무명진'에서부터 '일체고진실불허'까지의 내용을 요약한다.

아직 스승의 말이 명확히 이해가 안 되고 받아들이기 힘든 찾는 이는 이렇게 요약된 내용을 되풀이하면서 기다린다. 되뇌기 쉽게 요약된 핵심을 반복한다. 이미 자세한 뜻은 길게 앞에서 설명했으니 찾는 이는 요약된 내용의 본뜻을 알고 있다. 요약된

반야심경의 비밀

내용을 반복하면서 가리킴의 본뜻을 계속해서 가슴에 새기는 것이다.

뭔가를 알기 위한 가장 좋은 방법은 반복이다. 반복하면 익숙해진다. 익숙하면 문득 "아하!" 한다. 안다고 생각한다. 이제 안다고 말한다. 그리고 그것을 다들 앎이라고 말한다. 물론 단순한 반복을 말하는 것이 전혀 아니다. 반복할 때 그 뜻을 알고자 하는 의도가 있어야 한다. 간절함이 있어야 한다. 그 뜻에 자꾸자꾸 주의를 기울이는 것이다. 이것이 '위빠사나'다. 이것이 '만트라'다. 이것이 '살펴보기'다.

'위빠사나(觀, 산스크리트어: Vipaśyanā, विपश्यना)'와 만트라는 본질에서 같다. 같은 수행이다. 관심을 가지고 반복해서 살펴보다 보면 앎이 일어난다. 궁극적 깨달음이 일어난다. '득아뇩다라삼먁삼보리'가 일어난다.

앎의 본질을 바로 알면 결국, 이 방법밖에 없다는 사실을 알게된다. 우리가 아는 수많은 수행 방법은 본질에서 같다. 겉으로 보이는 형태는 다르지만, 내면에서 일어나는 일은 다르지 않다.

娑婆訶

사바하

'사바하(薩婆訶)'는 산스크리트어(Svāhā, स्वाहा)로 어떤 주문을 말한 뒤 마무리하는 통상적인 말인데 여러 번역을 통해 나타나는 의미는 간절함의 표현이라는 점이다. 우리말로 "~하소서." 정도로 옮기면 될 듯하다.

주문

이렇게 찾음의 본질과 길의 본질을 살피며 스승이 반야심경을 통해서 찾는 이에게 무엇을 가리키려 하는지 그 의도를 담아 반야심경의 주문을 우리말로 옮기면 다음과 같다.

"있다. 있다. 모두 있다. 바로 지금 여기 모두 있음에 눈뜨게 하소서."

반야심경의 주문은 찾는 이가 반복하기 쉽게 내용을 요약해 만든 말이다. 반복으로 오랜 믿음이 씻겨나가고 스승의 가리킴에 가슴이 열리도록 하는 말이다. 그렇게 문득 앎이 일어나게 하는 주문이다.

모든 헛된 믿음을 내려놓고 다시 보면 참으로 신비하게 앎을 일으키는 주문이며 당신의 가슴을 환히 밝히는 주문이며 최상의 주문이며 따로 다른 대단한 비법을 찾아다닐 필요 없이 이것만 집중하면 되는 주문이다. 그래서 능히 모든 오해와 믿음의 어려움을 넘어, 있는 그대로의 진리가 드러나게 하는 유일한 길이다.

이 주문을 문장으로 말하면 "진리는 바로 지금, 바로 여기 있다."이다. 주문이든 문장이든 자기에게 맞는 형식으로 반복하면 된다.

반야심경에는 널리 쓰이는 주문이 하나 더 있다. 반야심경의 핵심인 '관세음보살'이다. 관세음보살은 지금 여기 있는 반야를 가리킨다. 짧은 다섯 글자라서 반복하기도 쉽다. '관세음보살'은 반야심경이 가리키고자 하는 반야의 핵심을 요약한 말이기에 되뇌면서 반야의 설명을 상기하기가 쉽다. 반면에, '아제아제 바라아제…' 주문은 찾는 이가 명심해야 할 찾음의 본질을 요약한 말이기에 찾음의 본질을 잊지 않고 나아가기에 좋다.

정해진 주문은 없다. 어느 구절이든 내 마음에 와닿는 구절이 있다면 주문 삼아 되뇌면 된다. 마음이 움직이는 구절이 있다면 그 부분이 지금 내게 필요한 부분일지 모른다. 필요한 만큼 마음에 품다 놓아주면 된다.

있다. 있다. 모두 있다.
바로 지금 여기 모두 있음에 눈뜨게 하소서.

있다. 이미 있다. 모두 있다. 뭘 얻을 필요도 건너갈 필요도 없다. 이미 모두 있다. 바로 지금, 바로 여기 모두 있다. 이미 있는 그대로다. 중생에게는 없고 부처에게만 있는 것이 아니다. 이 사실을 모른다고, 또 안다고 달라질 것은 아무것도 없다. 이미 지금 여기 모두 있기 때문이다. 너무도 명백한 사실이다. 삼세제불이 정확히 아는 사실이다. 이 사실에 눈을 뜨라.

揭諦揭諦 波羅揭諦 波羅僧揭諦 菩提 娑婆訶

아 제 아 제 바 라 아 제 바 라 승 아 제 모 지 사 바 하

있다. 있다. 모두 있다. 바로 지금 여기 모두 있음에 눈뜨게 하소서.

揭諦揭諦 波羅揭諦 波羅僧揭諦 菩提 娑婆訶

아 제 아 제 바 라 아 제 바 라 승 아 제 모 지 사 바 하

있다. 있다. 모두 있다. 바로 지금 여기 모두 있음에 눈뜨게 하소서.

揭諦揭諦 波羅揭諦 波羅僧揭諦 菩提 娑婆訶

아 제 아 제 바 라 아 제 바 라 승 아 제 모 지 사 바 하

있다. 있다. 모두 있다. 바로 지금 여기 모두 있음에 눈뜨게 하소서.

8장

판세음보살의 비밀

●

　반야심경의 전체 내용을 살펴보았으니, 다시 처음으로 돌아가 반야심경의 핵심 '관세음보살', 이 다섯 글자에 어떤 비밀이 담겨 있는지 알아본다.

　'나'를 포함한 세상 모든 것의 공함을 바로 보면 진리와 나 사이에 어떤 장애도 없다. 이때 반야심경이 가리키는 세상과 나의 실체인 '관세음보살'을 마주하게 된다. 그리고 한 치의 의심도 없이 선언한다, "나는 관세음보살이다." 석가모니를 포함한 삼세제불이 모두 보았던 반야에 눈을 뜨면서 모든 의문이 사라진다. 그렇게 찾음이 끝난다.

"I'm 관세음보살.
I am Bodhisattva.
I am Awareness. I am Awareness itself.
This is Enlightenment.
This is End of Seeking."

관세음보살

관자재보살은 모든 가리킴의 핵심이고 반야심경이 간직한 비밀이다. 사실, 비밀이라 하기에 민망하다. 이미 오랫동안 수많은 스승이 말해왔기 때문이다. 하지만 이런 스승들의 가리킴을 오해하고 왜곡하다 보니 어쩌다 비밀 아닌 비밀이 되어 버렸다. 이 책에서 새롭게 알려주는 내용은 없다. 그저 쌓인 오해를 닦아 낼뿐이다. 먼지를 닦아내면 본래 투명한 거울이 달을 환히 비출 것이다.

관자재보살은 세상의 실체를 가리키는 깊은 진리의 표현이다.

관자재보살은 산스크리트어로 "아바로키테슈와라(Avalokiteśvara, अवलोकितेश्वर)"다. '아바로키테슈와라(Ava-lokit-eśvara)'는 "아래로"라는 뜻의 '아바(Ava)', "살펴본다"라는 뜻의 '로키테(lokit)'와 "신과 같은 존재"라는 뜻의 '슈와라(eśvara)'가 합쳐진 말로 "아래를 굽어 살펴보는 존재"라는 뜻이다. 현장은 이것을 "세상 곳곳을 굽어 살펴보는 존재"라는 뜻으로 '관자재보살(觀自在菩薩)'로 번역했다.

사람들에게는 '관자재보살'보다는 '관세음보살(觀世音菩薩)'이라
는 이름으로 더 많이 알려져 있다. 반야심경을 외울 때 말고는 대
부분 '관세음보살'로 부른다. 관세음보살은 현장에 앞서 반야심경
을 번역한 '구마라집(鳩摩羅什)'의 번역이다. '관세음(觀世音)'은 세상
의 소리를 듣는다는 의미이기에 관세음보살은 "세상 사람들의 아
픔을 듣고 구원해주는 보살"이라는 의미로 널리 알려진다. 이 때
문에 관세음보살은 대표적인 기도의 대상이 되었다. 관세음보살
은 줄여서 관음보살(觀音菩薩) 또는 관음(觀音)이라 한다. 관음을
동남아 지역에서는 '관인(Guanyin, Guan Yin)'으로 발음하기도 하
고 티베트 불교에서는 '첸레지(Chenrézik)'라고 부른다. 또 그냥
'보살(菩薩, 보디사바, Bodhisattva)'이라고도 부른다.

원래 이름이 어떠했든, 세월에 이름이 어떻게 바뀌었든, 이름에
담긴 사람들의 바람이 어떠하든, 여기서는 스승이 그 이름을 통
해서 진정 가리키고자 한 것이 무엇인지 살펴본다.

스승이 관세음보살에 담고자 한 뜻은 관세음보살을 표현하는
수식어구에 잘 나타난다. 반야심경에는 언급이 없지만, 관세음보
살을 종종 '천수천안(千手千眼) 관세음보살'로 표현한다. 천 개의
손과 천 개의 눈을 가진 관세음보살이다. '천수천안 관세음보살'의
뜻은 베다에 나오는 '인드라의 망'과 힌두교의 '트리무르티'를 먼저

살펴보면 이해하기 쉽다. 그리고 어떻게 반야심경이 관자재보살로 시작하게 됐는지의 단서도 엿볼 수 있다.

인드라의 망과 트리무르티

반야심경은 '관자재보살'을 설명하는 글이다. 그런데 한 가지 의아한 점이 있다. 왜 뜬금없이 관자재보살이 반야심경 맨 앞에 등장했을까? 아무런 설명 없이 관자재보살이 등장하기에 의도하지 않게 많은 오해가 일어났다. 관자재보살이 맨 앞에 나오고 이를 설명하는 내용이 따라오는 것을 볼 때, 사람들은 이미 그 이름을 익히 들어서 알고는 있으나 정작 그 뜻은 잘 모르거나 오해하고 있음을 추측해 볼 수 있다. 사리자는 널리 알려진 관자재보살의 뜻을 석가모니에게 묻고 석가모니는 사리자에게 깃든 오해와 믿음을 살피며 설명하는 형식이다.

현재까지 전해지는 인도 스승들의 가리킴 가운데 반야심경의 관자재보살과 연관성이 보이는 '인드라의 망'과 힌두교의 삼신 '트리무르티'를 살펴보면 관자재보살이 간직한 비밀을 풀기가 쉽다.

'인드라의 망(Indra's net, Indra's jewels, Indrajāla)'은 아타르바베다(Atharva Veda, 산스크리트어: Atharvavedaḥ, अथर्ववेद)에서 유래했

다고 전해지는데, 아타르바베다는 기원전 1000년으로 거슬러 올라간다. 아타르바베다는 특정 계층뿐만 아니라 일반 대중에게도 널리 영향을 끼쳤다고 알려진다. 다음은 인드라의 망을 설명하는 글이다.

"하나하나의 보석들이 연결되어 무한히 사방으로 뻗어 있는 망이다. 힌두교의 신 인드라의 집으로 묘사된다. 보석은 각각 눈이 있고 빛을 내며 반짝인다. 하나의 보석은 세상 모든 다른 보석들과 연결되어 있다. 무작위로 아무 보석이나 하나를 꺼내어 보면 그 표면에서 다른 모든 보석이 하나도 빠짐없이 비치는 것을 발견할 수 있다.[7]"

보석에 있는 눈은 세상을 반영한다는 의미이고 반짝인다는 표현은 존재한다는 의미이다. 각각의 보석이 다른 각각의 보석들과 직접 연결되어 있다. 사실 연결이라고 할 수 없다. 왜냐하면, 보석은 우리가 생각하는 어떤 '것'이 아니기 때문이다. 여기에 인드라의 망이 알려주고자 하는 '존재의 신비'가 있다. '보석'이 독립적으로 존재하는 어떤 '것'이 아니라 다른 모든 존재를 반영하는 하나의 '현상'이 보석이라는 것이다. 각각의 보석은 다른 모든 보석의 반영으로 존재한다. 서로서로 얽히면서 존재라는 현상을 만들어 낸다. 어떤 보석도 따로 떼어내서 말할 수가 없다. 이 거대한 인

---

7) Kabat-Zinn, J (2000) 글 참조.

드라의 망은 그 자체로 하나의 현상이며 존재 그 자체다. 그래서 "하나의 보석과 또 다른 하나의 보석은 둘이 아니다."라고 말할 수 있고, "하나의 보석과 인드라의 망은 둘이 아니다."라고 말할 수 있고, "각 보석의 실체는 인드라의 망이다."라고 말할 수 있다. 그래서 모든 보석은 실체가 따로 없기에 공하다. 눈으로 보는 보석도 공하고 그 눈에 반영되는 보석들도 공하다. 공한 보석들 간에 일어나는 현상도 공하다. '오온개공'이다.

> *이 글을 읽고 있는 당신도*
> *인드라의 망에서 말하는 하나의 보석이다.*
> *당신과 인드라의 망은 둘이 아니다.*

다음은 인드라의 망을 일컫는 스승 '라메쉬 발세카(Ramesh Balsekar)'의 글이다.

"세상이란 무수히 많은 보석이 서로 엮여 있는 그물망인데, 보석 하나하나는 다른 모든 보석의 반영입니다. 이렇게 세상을 설명할 수 있어요. 각각의 보석은 하나의 사물-사건이고 하나의 사물-사건과 다른 모든 사물-사건들 사이를 가로막는 것은 아무것도 없어요.[8]"

---

8) 'A Net of Jewels' by Ramesh S. Balsekar (1996)

'인드라의 망'이 나타내는 바는 '관자재보살 행심반야바라밀다'의 뜻과 같다. 인드라의 망이 의인화된 형태로 나타나면 천 개의 손과 천 개의 눈을 가진 '천수천안 관세음보살'이다. 이런 의인화는 힌두교의 '트리무르티'와 맥을 같이 한다.

'트리무르티(산스크리트어: Trimūrti, त्रिमूर्ति)'는 "세 개의 형상"이라는 뜻이다. 세계의 형상은 창조의 신 '브라흐마(Brahmā, ब्रह्मा)', 창조된 세상을 유지해 나가는 신 '비슈누(Vishnu, विष्णु)', 그리고 파괴의 신 '시바(Śiva, शिव)'를 말한다. 세상의 작용을 세 명의 신으로 인격화한 표현이다. 트리무르티는 이 세 명의 신이 둘이 아니라는 뜻으로 삼위일체를 일컫는 말이다. 삼위일체된 하나의 신으로 부를 때는 '브라흐만(산스크리트어: Brahman, ब्रह्मन्)'이라 한다. 브라흐만은 존재의 실체를 상징한다. 브라흐만이 세상으로 나타나 보이는 움직임은 세 가지 형태나 그 실체는 하나다. 반야심경식으로 표현하면 '브라흐만 행심반야바라밀다시'다. 세상의 움직임이 끝없이 다양하게 나타나지만, 브라흐만의 시점에서는 '시제법공상', '불생불멸', '불구부정', '부증불감'이다.

트리무르티를 표현할 때 하나의 머리에 각각 다른 방향을 보는 세 얼굴 또는 사방을 보는 네 얼굴로 표현하기도 하고, 하나의 몸에 머리가 셋 달린 형태로 표현하기도 한다. 각각 신을 묘사할 때면 한 몸에 팔이 여러 개 달린 형태로 자주 나타난다. 때로는 한

반야심경의 비밀

몸에 수많은 얼굴과 수많은 팔이 달린 모습으로 표현하기도 한다. 어떤 비슈누의 형상은 불교의 '천수천안 관세음보살'의 형상과 거의 차이가 없다.

예전이나 지금이나 어떤 개념을 일반 사람들에게 설명할 때는 그림이나 형상으로 표현하면 쉽다. 친근하게 인격화한 형태로 표현하면 더 많은 사람이 쉽게 받아들인다. 이렇게 누가 한번 시작하면 자연히 상상에 상상을 더하고 그 위에 이야기에 이야기를 더하면서 다양한 형태로 널리 퍼져나가기 마련이다.

인드라의 망과 트리무르티를 합쳐서 표현하면 '천수천안 관세음보살'이 아닐까. '천수천안 관세음보살'은 의미와 표현에서 인드라의 망과 트리무르티의 개념을 모두 담고 있다.

천수천안 관세음보살 상

반야심경의 비밀

천수천안 관세음보살

관세음보살은 천 개의 손(手)과 천 개의 눈(眼)을 가진 '천수천안 (千手千眼) 관세음보살'로 표현된다. 사방을 살피는 수많은 얼굴에 몸은 하나지만 천 개의 손이 달려 있다. 실제로 달린 손의 수는 보통 4개에서 수십 개, 많으면 수백 개 정도로 천 개에 못 미치지만 4개 이상의 손은 모두 천 개의 손을 상징한다고 보면 된다. 그리고 앞 두 손은 합장하고 있다.

전체적인 모습은 힌두교의 '비슈누'나 '시바' 신의 모습을 닮았으나 다른 점은 손마다 손바닥에 눈이 달렸다는 점이다. 눈이 달린 손은 인드라의 망에서 눈을 가진 보석과 같은 의미다. 그리고 이 모든 손은 하나의 몸에서 나온다. 여럿으로 나타나지만 결국 한 몸이다.

'천수천안 관세음보살'은 세상이 나타나는 방식을 표현하는 상징이다. 이 상징은 반야심경의 첫 구절 '관자재보살 행심반야바라밀다'가 뜻하는 바다. 관자재보살이 세상이 나타나는 방식과 세상의 실체를 가리킨다는 뜻이다. 즉, 관자재보살은 세상의 실체를 가리키는 깊은 진리의 표현이라는 말이다.

관세음보살의 손들은 세상에 나타나는 모든 것을 상징한다. 생명과 사물을 비롯한 나타나는 모든 '것'이다. 그리고 당신도 관세음보살의 한 손이다.

손들은 세상의 모든 것이다. 손 각각은 눈으로 세상을 반영한다. 이 눈은 마치 양자역학 이중 슬릿 실험의 관찰자와 같다. 눈은 시각에 한정된 것이 아니라 '반영'을 상징한다. 양자역학이 말하는 파동함수의 붕괴와 같다. 눈으로 세상을 보는 순간 세상 모든 것은 각각 하나의 개체로 나타난다. 하나의 시점을 만들어 내기 때문이다.

하나의 손은 세상 다른 모든 손의 반영에 불과하기에 손은 실체가 따로 없이 공하다. '색즉시공'이다. 그리고 이 손은 다른 손에 반영되면서 하나의 개체로 나타난다. '공즉시색'이다. 수많은 손과 손들이 서로서로 얽히며 세상을 이룬다. 모두가 공한 가운데 세상이 나타난다. '오온개공'이다. 이렇게 모든 손은 따로 떨어져 존재할 수 없는 한 몸이다. 이 사실을 강조하기 위해 관세음보살은 앞의 두 손을 모아 합장하고 있다. 합장은 '둘이 아니다'라는 뜻이다. '불이(不二)'다.

여기에 창조와 유지와 파멸이 다 들어있다. 순간순간 창조와 유지와 파멸이 동시에 일어난다. 그러나 창조된 '것'도 유지되는 '것'도 파멸할 '것'도 없기에 창조도 유지도 파멸도 없다. '불생불멸 불구부정 부증불감'이다. 독립된 개체는 없다. 세상의 모든 것은 각

반야심경의 비밀

각 다른 모든 것의 반영이다.

이렇게 '관자재보살'은 세상의 실체를 가리키는 진리인 반야의 표현이다. 관자재보살이 세상으로 나타나는 이 미묘함을 사리자가 묻기에 석가모니가 "관자재보살 행심반야바라밀다시"로 표현하며 설명을 이어가는 것이 반야심경이다.

관세음보살은 세상의 실체다.
나의 실체다.
존재 그 자체다.
오직 관세음보살만 있다.

'천수천안 관세음보살'을 자칫 잘못 이해하면 관세음보살을 하나의 신과 같은 '개체'로 오해한다. 그 존재가 얼마나 거대하고 대단해도 여전히 하나의 개체다. 그 안에서 일어나는 모든 것이 공하고 실체가 따로 없다고 해도 결국 모든 것의 실체인 관세음보살만은 공하지 않는 어떤 실체가 있는 독립적인 개체로 오해하기 쉽다. 머리로 이해하고, 이해하는 '내'가 남아 있으면 결국 제자리다. 작은 개체를 다른 거대한 개체로 바꿔 놓는 것밖에 되지 않는다. 관세음보살과 내가 둘이 아니니 '내'가 관세음보살이고 '내'가 세상의 신이라는 착각에 빠지기 쉽다. 이런 오해를 피하고자 스승의 가리킴 하나를 더 살펴보려 한다. '일체유심조'다.

일체유심조

   '화엄경(華嚴經, Avataṃsaka Sūtra)'의 핵심으로 여겨지는 '일체유심조(一切唯心造)'는 관세음보살을 이해하는 데 도움이 된다. '일체유심조'와 '관자재보살 행심반야바라밀다'는 표현 방식은 다르지만 같은 뜻이다. '일체유심조'에서의 '심(心, 마음)'은 '관자재보살'과 같은 무엇을 가리킨다.

> 일체유심조(一切唯心造),
> 세상의 실체는 마음이다.

   사람들은 '일체유심조'를 "모든 것은 오직 마음이 지어낸다."라고 해석하고 이 해석을 바탕으로 "모든 것은 마음먹기에 달려 있다."라고 의미를 부여한다. 모든 것이 달린 이 마음 먹기를 어떻게 하면 잘할지 고민하고 이를 위해서 마음을 수행하고 닦아야 한다고 믿는다. 곧 '어떻게'에 관한 온갖 방법이 나타나고, 누구는 가르치고 누구는 따른다.

   그런데, 이것은 오해다. "모든 것은 오직 마음이 지어낸다."는 말은 맞다. 하지만 에고는 여기에 '나'를 슬쩍 끼워 넣고 이렇게 읽는다. "모든 것은 오직 '내' 마음이 지어낸다." '나'를 너무도 당연히 여기는 까닭에 이런 오해가 일어난다. 하지만 여기에서 '마음'은 '나'의 마음이 아니다. 물론 이 '마음'은 이 글을 읽고 있는 그 '마음'이 맞다. 그러나 거기에 '나'는 없다.

스승은 '일체유심조'라는 말을 통해서 '세상의 실체가 마음'이라고 가리킨다. 마음이라는 단어로 세상의 실체를 가리킨다. 세상의 모든 '것'은 '마음'의 표현이라는 말이다. 물론, '나' 또한 마음의 표현이다.

어떻게 모든 것을 마음이 지어낼까? 이 순간 당신이 보고 듣고 냄새 맡고 맛보고 만지며 인식하는 '것'들은 오직 당신의 인식으로 존재한다. 당신이 인식하는 그 '것'은 독립적으로 존재하는 개체가 아니다. 당신이 인식하지 않으면 '것'으로 나타날 수가 없다. 당신의 인식에 반영되면서 우리가 알고 있는 '존재'라는 것이 된다. 그리고 그 존재는 오직 당신의 인식으로 존재한다. 그것이 나무든, 동물이든, 별이든, 그 인식의 내용이 어떠하든 실체는 당신의 인식이다. 모든 것은 오직 인식으로만 실재한다. 이 '인식 (Awareness)'이 당신의 '마음(心)'이다. '천수천안 관세음보살'의 한 손이고 손바닥에 달린 눈이다. 그래서 "세상의 모든 것은 이 '마음'이 지어낸다."라고 말할 수 있다. 마음에 반영되면서 '것'으로 나타날 수가 있기 때문이다. 지금 이 순간 당신이 보는 저 구름과 해와 달과 다른 사람들과 건물과 산과 바다를 포함한 모든 것은 바로 지금, 바로 여기 당신의 인식으로 있다. 3차원으로 나타나 보이는 세상은 당신의 인식으로 존재한다. 세상의 실체는 마음이다. '일체유심조'다. 여기 마음은 오직 바로 지금, 바로 여기다. 당신이 세상 곳곳을 돌아다녀도 세상은 늘 바로 지금 여기 존재한다. 그래서 "진리는 바로 지금, 바로 여기 있다."라고 말한다.

나의 마음이 아니라,
마음이 나다.

여기서 또다시 에고는 '나'를 슬쩍 끼워 넣을 수 있다. "당신의 인식"이라고 말하니 '나'의 인식이 세상의 실체이고 '나'는 실체가 따로 있다고 오해할 수 있다. 관세음보살을 하나의 개체로 여기는 오해를 피하려고 하나의 개체라는 믿음이 적은 '마음'을 예를 들어 설명하니 다른 오해가 싹튼다. 어떤 가리킴이든 오해가 있기 마련이다. 오해는 가리킴이 아니라 가리킴을 받아들이는 찾는 이의 마음에 있기 때문이다. 그러니 부디, 가리킴 자체에 매달리지 말고 가리킴이 가리키는 당신의 믿음을 바로 보기 바란다.

앞에서 편의상 '당신의 마음', '당신의 인식'이라고 말했다고 '나'의 마음 또는 '나'의 인식이라고 오해하면 안 된다. 물론 나의 마

반야심경의 비밀

음과 스승이 가리키는 마음은 둘이 아니기에 '당신의 인식'이라고 표현하는 데는 문제가 없다. 문제는 '나'의 실체가 따로 있다는 믿음이다. 늘 '나'를 슬쩍 끼워 넣으려는 에고가 문제다. 꿈의 비유처럼, '나'도 마음(꿈) 안에 있다. '천수천안 관세음보살'의 비유처럼, '나'는 다른 모두의 반영이다. 무지개의 비유처럼 '나'는 하나의 현상이다. '나'는 실체가 따로 있지 않다.

'마음'은 어떤 '것'이 아니다. 그런데도 다양한 모든 '것'으로 나타난다. '색즉시공 공즉시색'이다. 세상 만물의 실체는 오직 마음이며 모든 것은 마음의 표현이다. '관자재보살 행심반야바라밀다'이다.

'마음'이라는 말 대신 '의식(consciousness)'이라는 말도 자주 쓴다. 일체유심조를 '마음' 대신 '의식'이라는 말로 풀어 쓰면 "있는 모두가 의식이다."이다. 여기서 의식은 '나'의 의식이 아니다. '나'의 의식이라고 오해하지 않도록 '참'이라는 말을 붙여 '참의식(Consciousness)'이라고 쓰면 "있는 모두가 참의식이다."라고 말할 수 있다. 또한, "있는 모두가 마음이다."라고도 말할 수 있다.

이런 맥락 속에서 성경에 나온 구절이 "나는 알파와 오메가요 처음과 마지막이요 시작과 마침이라.[9]"이다. 여기서 일컫는 "나"

---

9) 요한계시록 22장 13절

는 하나님이다. 오직 하나님만 있다는 말이다. 세상 모든 것은 하나님의 표현이다. 하나님은 '마음'이나 '참의식', '관자재보살'과 가리키는 바가 같다.

재미있게도 이 성경 구절과 너무도 닮은 구절이 불경에도 있다. '천상천하 유아독존(天上天下 唯我獨尊)'이다. 석가모니가 태어날 때 한 말로 여기고, 보통 "하늘 위와 하늘 아래에 오직 나만이 존귀할 뿐이다."라고 해석하며 석가모니를 숭배하는 근거로 삼는데, 이것은 오해다. 이런 해석에서의 '존귀함'은 상대적 가치다. 반야심경에서 "불구부정"이라며 가치는 공하다고 분명히 말한다. '천상천하 유아독존'은 상대적 가치를 넘어 가리키는 스승의 가리킴이다. 스승이 가리키려 하는 본뜻을 살펴서 이 구절을 우리말로 옮기면 "세상에 오직 나만 있다."이다. 이 말은 세상이 모두 "나"라는 말이다. 있는 모두가 "나"라는 말이다. 이때의 "나"는 일체유심조의 '마음'과 같은 뜻이고 성경 구절의 "나", 즉 하나님과 같은 뜻이다. 모든 것을 마음이 지어내듯, 모든 것이 "나"의 표현이라는 말이다. 이 "나"는 이 글을 읽고 있는 나와 둘이 아니다. 하지만 이 "나"는 세상을 모두 포함하는 "나"다. 여기에는 다른 '것'들과 구분해서 독립된 개체로 존재한다는 믿음의 '나'는 없다. 이런 믿음의 '나'로 오해하지 않도록 '참'이라는 말을 붙여 '참나'라고도 부른다. 그래서 '천상천하 유아독존'을 우리말로 옮기면 "있는 모두가 참나다."이다.

꿈속의 모든 것은 마음의 표현이다.

오직 실체는 마음이다.

　어느 스승이 언제 어떤 말을 써서 가리키든, 지금 여기 실재하는 무엇을 가리킨다. 진실로 진실로 실재하는 무엇은 다를 수가 없다. 실재의 뜻이 그렇다. 실재가 그렇다.

가리킴

'관자재보살'이 깊은 진리의 표현이지만 이것도 하나의 가리킴이라는 사실을 알아야 한다. 이 책에서 '관세음보살'의 의미를 설명하고 있는 듯 보이나 사실 관세음보살의 의미를 설명하는 것이 아니다. 가르침이 아니다. 지식을 전하는 것이 아니다. 관세음보살이 가리키는 무엇은 말로 설명해서 알아듣고 알 수 있는 지식이 아니다. 책의 설명도, 반야심경도 그저 사리자가 직접 보고 '일체고액'을 넘어가도록 안내하는 하나의 가리킴일 뿐이다. 방향 표지판이 가리키는 방향을 바로 보고 그 길로 나아가면 된다. 미련 없이 떠나라. 방향 표지판이 방향을 잘 가리킨다며 숭배하고 껴안고 있을 필요도 없고 짊어지고 갈 필요도 없다.

가리킴의 본질을 바로 알아야 경전에 대한 오해가 없다. 반야심경에 대한 오해가 없다. 관세음보살에 대한 오해가 없다. 그러니 오직 당신이 가리킴을 따라 직접 봐야 한다. 그래서 반야심경의 제목이 '마하반야바라밀다심경'이다. 언어로 담아낼 수 없는 무엇을 가리킨다는 의미로 '마하반야바라밀다'이다. 관세음보살은

'마하반야바라밀다'이다. 하나의 가리킴이다. 반야심경의 제목은 이런 가리킴의 본질을 담고 있다. 뭔가 대단하고 다른 곳에는 없는 비밀을 간직한 글이기에 숭배하라고 '마하반야바라밀다심경'이 아니다. 그와 반대로 가리킴에 불과하니 집착하지 말고 숭배하지 말고 짊어지고 가지 말라고 당부하는 말이다.

찾음이 끝나고 '관세음보살'을 보는 날 알게 될 것이다. 세상 모든 것이 그와 같다는 것을.

관세음보살은 진리를 가리키는 깊은 가리킴이다. 하나의 큰 화두다. 섣불리 그 뜻을 이해했다고 하지 않기를 바란다. 이해했다고 하는 순간 화두는 사라진다. 좋은 스승의 가리킴을 잃는다. 모름은 모름에 두어야 한다. 찾음의 끝이 오기 전까지는 늘 초심자의 마음으로 나아가라.

가슴에 화두라는 씨앗을 품고

간절함이라는 물을 주면

언젠가 앎이라는 열매를 맺는다.

●

맺는말

    명상 시간 뒤 산책하는 중에 문득, 어릴 적 할머니를 따라서 간 광명사 관음전 앞에서 눈을 감고 "관세음보살"을 되뇌며 집중하던 어린 나의 모습이 떠오르더니 '관세음보살'의 뜻이 환히 드러났다. 그날 밤 명상 중에 내면의 소리가 다음과 같이 선언하며 찾음이 끝났다.

　　　　　　　　　　　　　　　　　반야심경의 비밀

"I'm 관세음보살.

I am Bodhisattva.

I am Awareness. I am Awareness itself.

This is Enlightenment.

This is End of Seeking."

("나는 관세음보살이다.

나는 참인식이다. 나는 참인식 그 자체다.

이것이 궁극적 깨달음이다.

이것으로 찾음이 끝났다.")

2018년 12월 4일 밤,

그렇게 찾음이 끝났다.

33년간의 오랜 찾음이 다시 찾음의 처음으로 돌아가 찾음을 끝냈다. 오랫동안 잊고 있던 '관세음보살'이 느닷없이 찾음의 끝에 나타나 '사다나(Sādhanā, साधना, 찾음의 길)'를 완성했다. 세상 곳곳 삼세제불의 도움으로 오직 '반야바라밀다'에만 의지하게 되니 '오온'이 모두 공함을 볼 수 있었고 '도일체고액'하며 '득아뇩다라삼먁삼보리'가 일어날 때 '나'는 '관자재보살' 속으로 사라졌다. 바로 지금, 바로 여기 모두 있음이 드러났다.

찾음의 끝은 예상치 못하게 찾아온다고들 말하는데, 내 경우는 더더욱 그랬다. 오랫동안 잊고 있던 반야심경의 '관세음보살'이 느닷없이 나타나 "나는 관세음보살이다."는 선언과 함께 찾음을 끝냈다. 찾음의 시작과 끝에 관세음보살이 있었다. 이 인연으로 반야심경에 쌓인 오해를 씻고 반야심경으로 전하고자 했던 스승의 가리킴을 바로 세워야 하는 짐을 지게 됐다. 이 책으로 그 짐을 벗고 내가 받았던 스승들의 도움을 세상에 돌려주고자 한다. 부디 이 책이 당신의 찾음에 도움이 되길 바란다.

반야심경의 비밀

나는 관세음보살이다.

이 글을 읽는 당신도 그렇다.

이 사실을 알든 모르든 달라지는 것은 없다.

그런데도 찾으며 가리킴을 구하는 당신에게

나는 관세음보살의 두 손으로 합장하고

삼배를 올리며 길을 안내한다.

길 아닌 길을 가리킨다.

부디 도움이 되길,

관음 올림.

나는 너의 손을 잡고 하늘로 올라갈 수는 없으나

너의 옆에 같이 주저앉아 네가 나에게 기대 듯 너에게 기댈 것이다.

나는 너의 좌절을 성공으로 바꿔줄 비법을 알려줄 수는 없으나

너와 함께 엎드려 가슴을 치며 새로운 힘이 솟을 때를 기다릴 것이다.

나는 너의 미움을 평화로 바꿔줄 수는 없으나

너와 함께 험담을 주고받으며 답답함을 풀어갈 것이다.

나는 너의 슬픔을 기쁨으로 바꿔줄 수는 없으나

너와 함께 울고 불며 언젠가 웃을 날을 기다릴 것이다.

나는 너를 괴로움에서 구제해 호수의 평온을 가져다줄 수는 없으나

너와 함께 괴로운 바다를 헤치며 바람이 잦아들 때까지 견뎌낼 것이다.

나는 너에게 미래의 천국을 약속할 수는 없으나

너의 눈을 바라보며 지금 여기 살아 숨 쉬는 삶의 존재를 확인해 줄
것이다.

나는 너의 관음이다.

반야심경의 비밀

찾음에 관한 좀 더 구체적이고 체계적인 설명이 필요하다면 책 '진리는 바로 지금, 바로 여기 있다.'를 읽어보기 바랍니다.

질문이 있으면 '아드바이타' 네이버 카페에 올리면 됩니다.
https://cafe.naver.com/advaita2007

블로그에서 새로운 글을 만날 수 있습니다.
https://blog.naver.com/advaita2007
https://brunch.co.kr/@advaita